티라노사우르스 렉스는 사람보다 빨리 달렸다	34
공룡은 변온 동물이었다	36
공룡은 땅에서만 살았다	38
새끼 공룡은 엄마 아빠와 똑같이 생겼다	40
공룡은 악어처럼 턱을 위아래로만 움직였다	42
수각류는 전부 육식 공룡이었다	44
랍토르는 갈고리발톱으로 먹잇감의 가죽을 갈랐다	46
멸종한 공룡을 되살릴 수 있다	48
지금 우리가 아는 공룡의 모습은 먼 옛날 그대로다	50
중생대에 살았던 공룡을 모두 찾았다	52
브론토사우루스라는 공룡은 없다	54
고생물학자들은 하루 종일 땅만 판다	56
남자아이들만 공룡을 좋아한다	58
이제 '틀린' 정보를 모두 바로잡았다	60
용어 설명	62

이야기를 시작하기 전에

공룡은 '중생대'라고 불리는 긴 시간 동안 지구를 지배하다가,
6600만 년 전 대멸종으로 갑작스럽게 사라진 동물이에요. 이건 누구나 아는 사실이죠?
그리고 여러분은 티라노사우루스, 트리케라톱스, 디플로도쿠스에 대해서도 아주 잘 알고 있을 거예요.
그런데 지금 왜 또 다른 공룡책을 들고 있는 거죠?

음, 그건 이 책이…… 여러분이 공룡에 관해 알던 모든 사실이
틀렸다는 것을 보여 주는 책이기 때문이죠!

아, 이건 여러분의 잘못이 절대로 아니에요. 우리가 아는 공룡 지식의 대부분은 어른들에게 배운 거예요. 문제는 그 정보가 어른들의 나이만큼이나 '오래됐다'는 것이지요. 정보란 새로운 사실이 발견되면 언제든지 바뀔 수 있거든요.

이건 과학의 세계를 이루는 기본 바탕이에요. 과학은 '현재'의 지식으로 판단해요. 그래서 우리가 사실이라고 알던 것도 틀렸다는 새로운 증거가 나타나면 얼마든지 바뀔 수 있답니다. 이건 대단히 중요한 이야기예요. 왜냐고요?

왜냐하면, 고생물학자들이 지난 20여 년 동안 입이 쩍 벌어질 만큼 놀랍고 신기하며 괴상하기도 하고 귀엽기도 한 공룡 화석을 많이 발견했거든요. 덕분에 그동안 우리가 사실이라고 믿었던 수많은 정보가 '틀린' 것으로 뒤집혀 버렸지요! 참고로 고생물학자는 먼 옛날에 살았던 생물을 연구하는 사람이랍니다.

그럼 대체 우리가 아는 공룡 지식 중에서 무엇이, 얼마나 틀렸다는 걸까요? 궁금하면 그동안 믿었던 것들이 싹 다 뒤집힐 각오를 하고 따라오세요!

공룡은 모두 같은 시대에 살았다

'공룡은 중생대에 살았다'고 이야기해서인지, 사람들은 흔히 공룡들이 모두 같은 시기에 살았을 거라고 생각해요. 하지만 중생대는 하나의 짧은 시대가 아니라 트라이아스기, 쥐라기, 백악기라는 거대한 시간 단위로 이루어져 있어요. 무려 1억 8500만 년도 훌쩍 넘는 기나긴 시간이지요.

사실 공룡들은 길게 펼쳐진 중생대의 어느 시기에 나타나, 종류별로 200만 년에서 300만 년 정도만 머물다가 사라졌어요. 한 종이 나타났다 사라지면, 다른 종이 등장해 빈자리를 채웠지요. 그래서 같은 시기에 같은 곳에서 함께 산 것은 우리에게 잘 알려진 몇몇 공룡들뿐이랍니다.

고생대
중생대 앞의 지질 시대로, 약 5억 4100만 년 전부터 2억 5200만 년 전까지를 말해요.

중생대
약 2억 5200만 년 전부터 6600만 년 전까지로, '공룡 시대'라고도 해요.

트라이아스기
2억 5200만 년 전~2억 년 전

우리가 아는 최초의 공룡류 중 하나로 2억 4300만 년 전에 살았던 것으로 추정되는 니아사사우루스예요. 니아사사우루스는 몸집이 작고 날쌨을 것으로 알려지는데, 이건 겨우 몇 개의 뼈 화석으로 미루어 짐작하는 정보랍니다. 사실, 몇몇 고생물학자들은 니아사사우루스가 진짜 공룡이 맞는지도 의심하고 있어요. 우리가 공룡이라고 확신하는 에오드로마에우스나 그나토보락스보다 천만 년 정도나 먼저 등장했기 때문이에요. 고생물학자들이 확신하는 최초의 공룡들은 트라이아스기 후기에 살았고, 우리에게 유명한 공룡들의 조상 역시 이 시기에 등장했어요.

쥐라기
2억 년 전~1억 4500만 년 전

쥐라기는 트라이아스기보다 더 습했고, 공룡들이 아주 많아진 시기였어요. 매우 오랫동안 이어져서, 같은 쥐라기 공룡인 **딜로포사우루스와 브라키오사우루스** 사이에는 무려 4천만 년이라는 시간이 있답니다!

지금까지 우리가 알던 공룡 이야기는 모두 틀렸다!!

닉 크럼턴 글 개빈 스콧 그림 김맑아 옮김

LAIKAMI
라이카미

차례

이야기를 시작하기 전에	4
공룡은 모두 같은 시대에 살았다	6
공룡은 죽으면 전부 화석화됐다	8
공룡은 사막에서만 발견된다	10
공룡은 지구에서 완전히 없어졌다	12
공룡이 중생대 지구를 지배했다	14
공룡은 전부 이름이 어렵다	16
공룡은 '용반목' 아니면 '조반목'이다	18
공룡은 모두 덩치가 엄청나게 컸다	20
공룡은 몸에 비늘이 있고 녹색이었다	22
공룡은 그다지 영리하지 않았다	24
공룡은 맹수처럼 포효했다	26
공룡은 거칠고 무자비했다	28
용각류는 다 똑같이 생겼다	30
티라노사우루스 렉스는 가장 큰 육식 공룡이었다	32

그 예로 티라노사우루스는 백악기 공룡이고 스테고사우루스는 쥐라기 공룡이에요. 쥐라기 다음이 백악기라서 둘 사이의 시간 차이가 얼마 안 될 것 같지만, 사실 티라노사우루스가 등장한 것은 한참이나 나중이었어요. 살았던 시기로 따져 보면, 티라노사우루스는 같은 공룡인 스테고사우루스보다 사람인 우리와 더 가깝지요!

또 고생물학자들은 중생대의 시작부터 끝까지 시간을 넘나들면서, 공룡과 그 후손들이 어떻게 모습을 바꾸며 진화했는지 추적하기를 좋아해요. 그래서 같은 스테고사우루스과 공룡인 스테고사우루스와 아드라티클리트 화석을 비교해 봤는데, 둘은 생김새가 꽤 비슷했지만 뼈대 일부와 골침, 골판이 매우 달랐답니다. 쥐라기 후기 공룡인 스테고사우루스와 중기 공룡인 아드라티클리트 사이에는 1200만 년이라는 아득한 시간이 있었거든요. 그게 얼마나 긴 시간이냐고요? 지금으로부터 1200만 년 전이면, 바다에는 대형 상어인 메갈로돈이 살고 땅에는 코끼리의 조상인 플라티벨로돈과 발가락이 3개였던 말의 조상 메리키푸스가 살고 있었을 거예요!

오늘날의 우리가 지구에 최초의 공룡이 나타났을 때부터 공룡들이 갑자기 사라진 때까지의 시간을 제대로 이해하기란 불가능한 일이에요. 고생물학자들이 발견한 화석은 중생대라는 기나긴 시간의 아주 작은 조각에 지나지 않아요. 따라서 화석으로 중생대를 이해하는 것은 찢어진 책 몇 쪽으로 전체 이야기를 이해하려는 것과 같지요. 다만 고생물학자들이 화석을 많이 찾으면 찾을수록 우리가 이야기를 이해할 수 있는 단서도 늘어날 거예요.

대멸종

신생대
가장 최근의 지질 시대로, 약 6600만 년 전부터 현재까지 이어져요.

백악기
1억 4500만 년 전~6600만 년 전

백악기는 지구가 우리가 아는 모습과 비슷해지기 시작한 시기예요. 더 많은 종류의 꽃이 생겨났고, 대륙들의 모양도 오늘날과 비슷해졌지요. 공룡은 백악기가 시작되기 전에 이미 1억 년이나 지구에 존재했어요. 이는 우리를 포함한 '현생 인류'가 지구에 나타나 머문 시간의 100배가 넘는 긴 시간이랍니다!

공룡은 죽으면 전부 화석화됐다

틀렸다!!

우리가 공룡에 대해 아는 것들은 모두 화석에서 얻은 거예요.
그래서 고생물학자들은 더 많은 화석을 찾으려고 노력하고 있지요.
그런데 문제는…… 공룡 뼈가 화석으로 되는 일은 거의 없다는 거예요.
뼈 하나가 화석이 될 확률은 약 10억분의 1로, 믿기 어려울 만큼 드문 사건이랍니다!

산꼭대기처럼 건조하거나 열대 우림처럼
축축해서 사체가 빨리 썩는 곳에서는
동물의 뼈가 화석으로 남기 어려워요.

하지만 중생대는 아주아주 긴 시간이었고,
언제 어느 때나 수백만 마리의 공룡이 세계
곳곳을 걸어 다니고 있었을 거예요.

반면 우리가 공룡의 존재를 알게 된 건 200년도 되지 않아요.
그리고 우리 눈에 띈 화석들은 매일매일 바람이 흙을 쓸어 날리고
파도가 바위를 깎으면서, 땅속의 맨 위층에 있던 것들이 드러난 것이지요.
그러니까 지구에는 아직도 수많은 화석이 발견될 날만을 기다리고 있을 거예요.

화석은 대부분 질척질척하고 부드러운 진흙층이었던 암석에서 발견돼요. 그렇다 보니 세계 최고의 화석지들은 먼 옛날 호수나 강이 넘쳐서 흙과 모래 등이 잔뜩 쌓였던 곳이에요. 살타사우루스 화석이 발굴된 아르헨티나의 아우카 마후에보와 스테고사우루스 화석이 발굴된 북아메리카 국립 공룡 화석 유적지가 대표적인 곳이랍니다.

이러한 화석지 중 많은 곳이 지금은 매우 건조한 환경으로 바뀌었어요. 덕분에 바람에 바위가 빠르게 닳아 없어지면서, 오랜 시간 묻혀 있던 화석들이 찬란한 모습을 드러냈지요.

이처럼 공룡은 강 근처에서 화석화될 가능성이 더 커요. 이 말은 곧, 오늘날 우리가 아는 공룡은 거의 다 물을 마시러 왔거나 물가에서 쉬기를 좋아했던 공룡, 실수로 물에 빠진 공룡일 거라는 이야기예요. 그리고 그 나머지 공룡들은 대부분 흔적도 없이 사라졌다는 것을 의미하지요!

즉, 지금까지 살았던 모든 공룡 가운데 화석화된 건 아주 일부예요. 중생대의 어느 건조한 숲이나 메마른 사막, 울퉁불퉁한 바위산에 어떤 특별한 공룡이 살았을지 누가 알까요?

공룡은 사막에서만 발견된다

공룡 화석은 풀로 덮이지 않은 땅과 흙이 벗겨진 곳, 예를 들면 암석 사막 같은 곳에서 자주 발견되는 게 사실이에요. 이런 곳에서는 굳이 땅을 파지 않아도 지층이 뒤틀리면서 튀어나온 오래된 암석층을 조사할 수 있으니까요. 그런데 다른 곳에서도 공룡 화석을 찾을 수 있어요.

바깥으로 지층이 훤히 드러나 있는 절벽 면은 시간 여행을 떠나기에 최고의 장소예요. 대표적인 예가 영국 웨일스 카디프 남쪽의 해안 절벽으로, 파도가 오랜 시간에 걸쳐 천천히 바위를 깎아 내면서 쥐라기 초기에 살았던 수각류 공룡 **드라코랍토르**의 화석이 드러났죠!

세찬 파도만 땅을 깎아 내는 건 아니에요. 몸집이 작은 각룡인 **렙토케라톱스**는 캐나다 앨버타주 레드디어강의 강둑이 홍수로 쓸려 나간 뒤에 발견됐어요.

★ 절벽 근처에서 화석을 찾는 일은 정말, 정말 위험하니까 전문가에게 맡겨 주세요!

땅을 파는 것은 화석을 가장 확실하게 찾을 수 있는 방법이에요. 캐나다에서는 원유가 섞인 암석을 채굴하던 광부들이 피부, 갑옷, 주둥이, 심지어 입술까지 완벽하게 남은 **보레알로펠타**의 화석을 발견했어요.

또한 지금의 오스트레일리아 오팔 광산에서는 **풀구로테리움**과 **무타부라사우루스**가 발굴됐어요. 푸른빛의 희귀한 오팔을 찾던 광부들이 발견했는데, 오팔에 공룡의 뼈 일부가 화석화된 것도 나왔어요. 이 오팔 공룡 화석은 아름다울 뿐만 아니라 값어치가 어마어마했답니다.

고생물학자들이 화석을 찾는 장소 중에는 접근하기조차 어려워서 많은 사람이 단 한 번도 가 본 적 없는 곳도 있어요.

고생물학자들은 남극 대륙 비어드모어 빙하 지역에 있는 커크패트릭산에서 **크리올로포사우루스**를 발굴했어요. 극지방의 두꺼운 암석층을 뚫기 위해 강력한 착암기까지 사용해야 했죠.

남극 대륙은 얼어붙은 땅과 지독한 추위 때문에 작업하기가 몹시 힘들어요. 그래서 남극반도에서 조금 떨어진 제임스로스섬에 묻혀 있던 **안타르크토펠타**는 땅 위로 올라오는 데 거의 10년이 걸렸어요. 두꺼운 갑옷을 입은 것 같은 모습과 발견된 장소 때문에 '남극의 방패'라는 뜻의 이름을 얻게 되었지요.

스코틀랜드 이너헤브리디스 제도의 스카이섬에서도 공룡의 흔적이 발견됐어요. 바위투성이의 경사진 해안에서 공룡 발자국이 무더기로 나와서, 고생물학자들은 해초로 뒤덮인 미끄러운 바위 위를 몇 킬로미터나 기어올라야 했어요. 이곳은 겨울에는 바람이 아주 매섭고 추우며, 여름에는 각종 벌레가 득시글거리는 곳이랍니다!

반대로 화석을 아주 쉽게 발견한 곳도 있어요. 중국 동북부의 랴오닝성에서는 농부들이 산비탈에서 우연히 아름다운 화석을 많이 발견했어요. 또 한 농부는 자신의 땅에서 매우 정교한 형태의 공룡 화석을 발견하기도 했지요.

오팔 광산, 극지방의 섬, 그리고 미끄러운 절벽……. 그러니까 공룡 화석이 발견되는 곳은 사막만이 아니에요!

공룡은 지구에서 완전히 없어졌다

틀렸다!!

6600만 년 전, 거대한 운석이 지금의 멕시코 위치에 충돌하면서 지구에 엄청난 재앙이 닥쳤어요. 수백만 톤의 돌과 재가 공중에 흩뿌려져 태양을 가렸죠. 지구는 살기에 끔찍한 곳이 되었고, 이 '대멸종'으로 길고 길었던 공룡의 시대는 끝이 났어요. 그런데…… 공룡이 모두 없어진 건 아니에요!

그래요, 공룡은 지금도 우리와 함께 살고 있어요. 어쩌면 지금 창밖으로 공룡이 한 마리 휙 지나갔을지도 몰라요. 이게 대체 무슨 이야기냐고요? 새, 그러니까 조류가 바로 대멸종 사건을 피해 '살아남은 공룡'이거든요!

운석이 충돌하면서, 공룡들의 세상은 한순간에 사라졌어요. 하지만 그 비극 속에서도 죽음을 피한 공룡들이 있었어요. 바로 오늘날의 새와 가까운 관계에 있는 수각류 공룡들이었죠. 이들은 다른 공룡들보다 몸집이 작고 날래서, 운석의 폭발로 불이 붙은 숲에서 좀 더 쉽게 탈출할 수 있었을 거예요. 또 부리 덕분에 다른 동물이 먹기 어려워하는 것도 먹을 수 있었고, 덩치가 작은 만큼 임신 기간이 짧아서 자손을 빨리 늘릴 수 있었을 테지요. 덕분에 덩치 큰 공룡들이 꼼짝없이 죽음을 맞을 때, 이들 중 일부는 살아남아서 오늘날의 새로 진화했어요. 그래서 닭과 비둘기 같은 새들을 '조류형 공룡', 지구에서 완전히 사라진 공룡을 '비조류 공룡(새가 아닌 공룡)'이라고도 말한답니다.

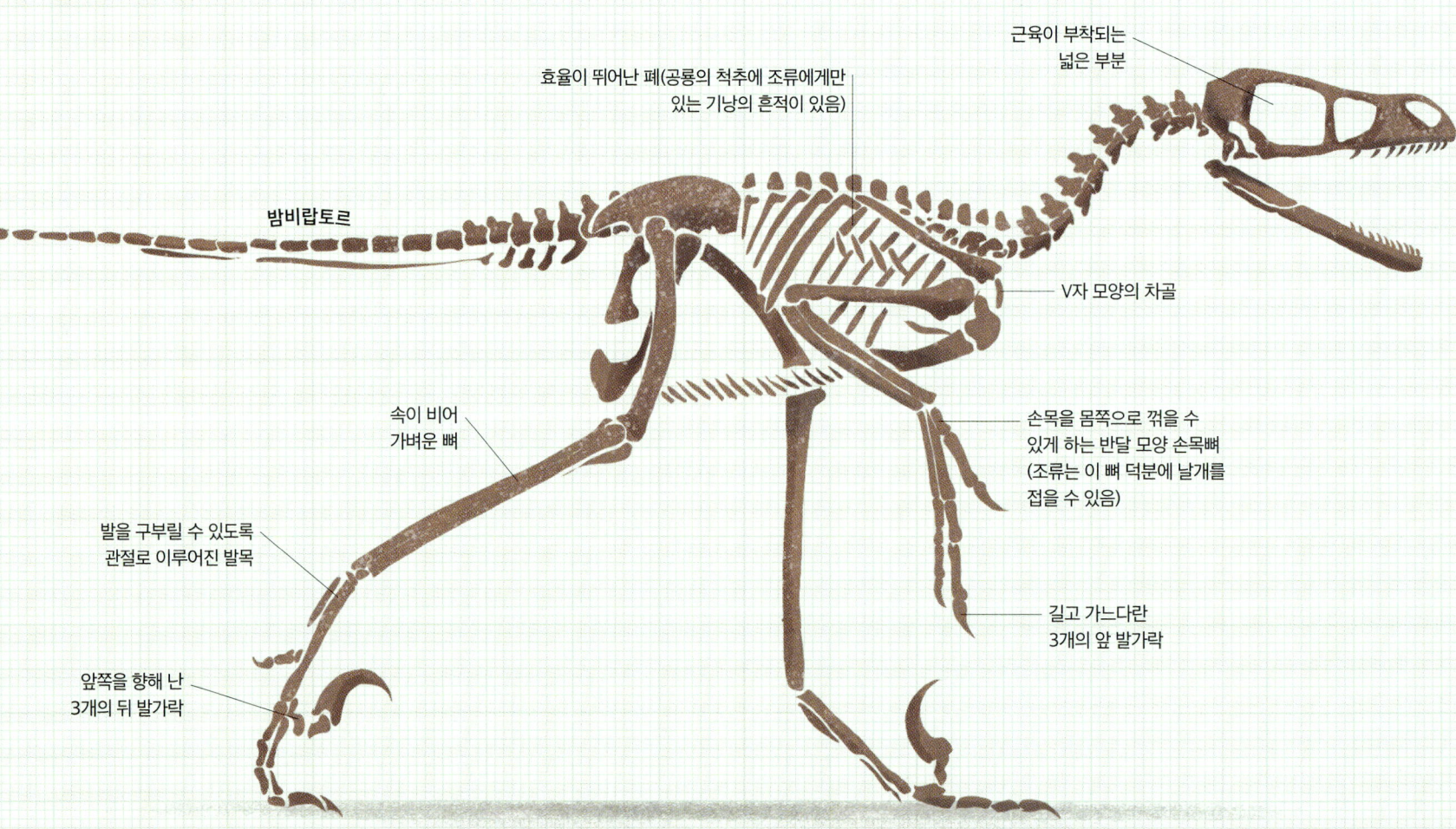

비둘기와 공룡의 뼈대를 한번 비교해 봐요. **밤비랍토르** 같은 두 발로 걷는 수각류 공룡은 앞발 뼈 개수가 적고 두 앞다리 사이에 사람의 빗장뼈에 해당하는 차골이 있는 등 오늘날의 새와 해부학적으로 비슷한 점이 많아요. 차이라면 이빨이 있었다는 것이지요. 하지만 수각류 안에서도 오늘날 새에 더 가까운 원시 조류 중에는 공룡처럼 이빨을 가진 종류도 많았어요. 또 그중 몇몇은 **안키오르니스**나 **시아오팅기아** 같은 깃털은 있지만 날지 못하는 공룡들과 상당히 닮아서, 그들과 비슷한 방식으로 행동하고 살았을 것으로 추정돼요.

공룡이 중생대 지구를 지배했다

틀렸다!!

공룡이 처음 진화한 트라이아스기부터를 공룡의 시대라고 말해요.
그런데 사실 그때의 공룡은 이미 땅을 지배하던 다른 동물들에 비해 보잘것없는 존재였어요.
게다가 트라이아스기 전체에서 그렇게 큰 비중을 차지하지도 않았지요.

공룡은 '지배파충류'라고 하는 동물군에 속해요. 지배파충류는 트라이아스기 전기가 끝나갈 무렵, 지구에 등장했어요. 오늘날 살아 있는 종류는 조류와 악어뿐인데, 그중 악어는 현재 미국 플로리다와 사하라 사막 이남 아프리카 빼고는 야생에서 흔히 볼 수 없어요. 하지만 트라이아스기에는 공룡보다 악어의 친척들이 훨씬 더 많았을 거예요.

파라수쿠스

파라수쿠스 같은 지배파충류 일부는 악어와 매우 비슷하게 생겼고, 아마도 물가에 살았을 거예요.

스타고놀레피스

지배파충류 무리 중 하나인 아이토사우루스류는 몸에 비해 머리가 작고 독특하게 생겼어요. 여기에 속하는 **스타고놀레피스**는 돼지만 한 덩치에 위턱에는 이빨 대신 부리가 있고 초식을 했답니다.

데스마토수쿠스

아이토사우루스류 대부분은 **데스마토수쿠스**처럼 온몸을 갑옷으로 무장했어요. 덕분에 적들로부터 자신을 보호할 수 있었지요.

로토사우루스

또 다른 지배파충류 무리인 **포포사우루스**와 그 친척들은 트라이아스기에 매우 흔했어요. 생김새가 공룡과 꽤 비슷했답니다.

포포사우루스

또한 트라이아스기 중기에 살았던 **애리조나사우루스**와 **로토사우루스** 같은 지배파충류는 등에 돛 같은 돌기가 있었어요.

라우이수쿠스

트라이아스기 동안 공룡이 아닌 동물 가운데 가장 두려운 무리는 라우이수쿠스류였을 거예요. **라우이수쿠스**는 거대하지만 재빠른 사냥꾼으로, 거대한 머리뼈 안에 무시무시한 이빨과 강력한 근육이 가득했어요.

포스토수쿠스

포스토수쿠스는 앞다리가 뒷다리보다 약간 짧은 것으로 보아, 두 발로 서서 걸었던 것 같아요. 몸길이가 4m가 넘고, 아이토사우루스류나 심지어 초기 공룡도 사냥했을 거예요.

사우로수쿠스

사우로수쿠스는 가까운 친척인 **포스토수쿠스**보다 덩치가 훨씬 컸어요. 머리끝에서 꼬리 끝까지가 거의 8m에 이르렀을 것으로 추측해요.

이 동물들이 지구에 이미 자리를 잡았기 때문에, 초기 공룡들은 기를 펴기가 어려웠어요. 공룡들은 트라이아스기의 전반기 동안, 라우이수쿠스류의 그림자에 가려 있어야 했지요.
그러다가 트라이아스기 말에 갑자기 대멸종이 일어났어요. 수없이 많은 동물이 목숨을 잃은 끔찍한 사건이었지만, 공룡들에게는 행운의 기회였어요. 악어를 닮은 지배파충류 대부분이 멸종했거든요!

무시무시한 포포사우루스, 굶주린 아이토사우루스, 두려움에 덜덜 떨게 만드는 라우이수쿠스류 등이 한꺼번에 사라지면서, 드디어 공룡이 지구를 지배하게 됐어요!

공룡은 전부 이름이 어렵다

파카케팔로사우루스, 지아니안화롱, 나아쇼이비토사우루스……. 으으, 이름이 너무 어려워서 혀가 꼬이는 것 같아요! 하지만 모든 공룡의 이름이 이렇게 어려운 건 아니랍니다.

틀렸다!!

안주(ANZU)

안주는 지금의 북아메리카 지역에 살던 덩치가 크고 이빨이 없는 공룡이에요. 몸의 반은 사자이고 반은 새인 고대 아시아 신화 속 괴물 '안주'의 이름에서 따왔어요.

민미(MINMI)

민미는 단단한 골편으로 몸을 감싼 초식 공룡이에요. 처음 발견된 장소인 오스트레일리아 민미 교차로에서 이름을 따왔어요.

조바리아(JOBARIA)

조바리아는 지금의 아프리카에서 살던 용각류 공룡이에요. 나이지리아 사람들이 한때 믿었던 신화 속 생물 조바르의 이름을 따왔어요.

우롱(WULONG)

우롱은 미크로랍토르와 가까운 친척인 작은 공룡이에요. 중국 동북부에서 마치 춤추는 듯한 우아한 자세의 화석이 발견돼, 중국어로 '춤추는 공룡'이라는 뜻의 이름이 생겼지요.

샤낙(SHANAG)

샤낙은 작고 재빠른 사냥꾼으로, 전통 불교 무용을 추는 무용수 명칭을 따서 지었어요.

칸(KHAAN)

몽골에서 '칸'은 '왕' 또는 '지도자'를 뜻해요. 그래서 칸은 실제로는 위풍당당한 공룡이 아니었지만, 이름만큼은 매우 강렬한 느낌을 줘요!

이(YI)

이는 과학자들이 동물에게 붙인 가장 짧은 이름 중 하나예요. 학명도 '이 키(YI QI)'로, 두 글자밖에 안 된답니다.

타노스(THANOS)

타노스는 덩치 큰 육식 공룡으로, 마블 코믹스의 거대한 악당의 이름을 갖게 됐어요. 저런, 가엾은 타노스!

주울(ZUUL)

주울은 커다란 꼬리 곤봉을 가진 곡룡으로, 피부까지 거의 완벽하게 화석화됐어요! 그런데 그 모습이 꼭 1980년대 영화 〈고스트 버스터즈〉 속 유령 주울과 닮아서 그 이름을 그대로 갖게 되었죠.

보통 기다란 공룡 이름은 중국어, 그리스어, 라틴어 같은 언어의 짧은 단어들로 이뤄져 있어요.
그래서 공룡 이름에 자주 쓰이는 몇 가지 단어를 알면, 긴 이름을 더 쉽게 읽고 부를 수 있어요.
또한 이 단어들은 공룡의 특징을 알 수 있는 단서가 돼요.

티라노스(TYRANNUS)…
예: 티라노사우루스
뜻: 폭군(사납고 악한 왕 또는 여왕이라는 뜻이에요.)

…롱(LONG)
예: 샤오칠롱
뜻: 용

…사우루스(SAURUS)
예: 스테고사우루스
뜻: 도마뱀(공룡은 도마뱀이 아니지만요!)

…랍토르(RAPTOR)
예: 아파토랍토르
뜻: 도둑, 약탈자

…티탄(TITAN)
예: 기라파티탄
뜻: 거인

…오르니스(ORNIS)
예: 세리코르니스
뜻: 새(종종 '새처럼'이라는 뜻으로도 쓰여요.)

…피시스(PHYSIS)
예: 코엘로피시스
뜻: 형태

…돈(DON)
예: 힙실로포돈
뜻: 이빨

에오(EO)…
예: 에오티라누스
뜻: 새벽(최초, 초기를 뜻하기도 해요.)

…미무스(MIMUS)
예: 안세리미무스
뜻: 모방꾼, ~와 닮은

…케라톱스(CERATOPS)
예: 바가케라톱스
뜻: 뿔 달린 얼굴

…수쿠스(SUCHUS)
예: 인도수쿠스
뜻: 악어

…오닉스(ONYX)
예: 바리오닉스
뜻: 발톱

공룡은 '용반목' 아니면 '조반목'이다

공룡에 대해 조금이라도 안다면, 공룡이 크게 두 무리로 나뉜다는 것을 알 거예요.
그리고 그 기준이 골반 모양이라는 것도요. 왜냐하면 대부분의 공룡책이 이렇게 말하니까요.
"수각류와 용각류는 골반 모양이 도마뱀과 비슷한 용반목에 속하고, 조각류와 각룡류 등은
골반 모양이 새와 비슷한 조반목에 속해요." 그런데…… 진짜예요? 확실해요?

용반목 (도마뱀 골반을 가진 공룡)
- 베이산룽(수각류)
- 카아테도쿠스(용각류)

조반목 (새 골반을 가진 공룡)
- 올로로티탄(조각류)
- 아우로라케라톱스(각룡류)

혹시 저쪽으로 가야 하는 건 아니고요?

자~! 먼저 오늘날의 새, 즉 조류형 공룡은 놀랍게도 조반목이 아니라 용반목에서 진화했어요. 그러니까 사실 골반 모양이 새와 비슷하다는 뜻의 조반목이라는 이름은 새의 조상들에게 주어져야 했죠!

그런데 2017년에 아주 흥미로운 사건이 생겼어요. 몇몇 고생물학자가 이미 130년 넘게 확정된 사실로 받아들여지던 '공룡 분류 체계'에 대해 다른 의견을 낸 거예요. 이 학자들은 많은 공룡 화석을 아주아주 자세히 들여다본 결과, 실제로는 수각류가 용각류보다 조반목 공룡들과 더 가까운 관계라고 생각했어요. 따라서 수각류는 조반목 공룡들과 함께 '오르니소스켈리다'라는 부르기도 어려운 이름으로 묶여야 한다고 주장했죠. 으으!

하지만 모든 고생물학자가 이 생각에 동의하는 것은 아니며, 새로운 분류 방식이 옳은지 아닌지는 시간이 지나야 알 수 있어요. 이렇게 새로운 의견을 '가설'이라고 하는데, 가설은 앞으로의 연구 결과에 따라 얼마든지 틀렸다고 밝혀질 수 있거든요.

현재 살아 있는 생물을 연구하는 생물학자들과 오래전 지구에 살았던 생물을 연구하는 고생물학자들은 생물을 여러 가지 특징에 따라 가르고 묶기를 좋아해요.
예를 들어 동물은 크게 등뼈가 있는 '척추동물'과 등뼈가 없는 '무척추동물'로 나뉘어요. 그리고 척추동물 중에서 새끼를 낳아 젖을 먹여 기르는 동물들은 '포유류'라는 무리로 묶이는데, 포유류에는 6,000종이 넘는 다양한 동물이 속해 있어요. 그중에 두더지와 친척들은 '두더짓과'라는 더 작은 단위의 무리로 묶이지요.

유럽두더지(땃쥐목)

이러한 분류 작업은 생물들이 서로 어떻게 연관돼 있고 어떤 과정을 거쳐서 진화했는지 더 잘 이해할 수 있게 해요. 그리고 연구를 계속할수록 더욱더 놀라운 발견을 하게 된답니다. 바로 황금두더지처럼요.
황금두더지는 오랫동안 유럽두더지나 다른 두더지들과 함께 '땃쥐목 두더짓과'에 속한다고 알려졌어요. 그런데 연구를 계속하다 보니, 실제로는 코끼리처럼 먼 옛날 아프리카 대륙을 중심으로 탄생한 동물들의 무리인 '아프로테리아상목'에 속한다는 사실을 알게 됐어요. 그러니까 황금두더지는 정원을 엉망으로 만드는 두더지들보다 덩치가 어마어마하게 큰 코끼리와 더 가까운 관계라는 뜻이지요!

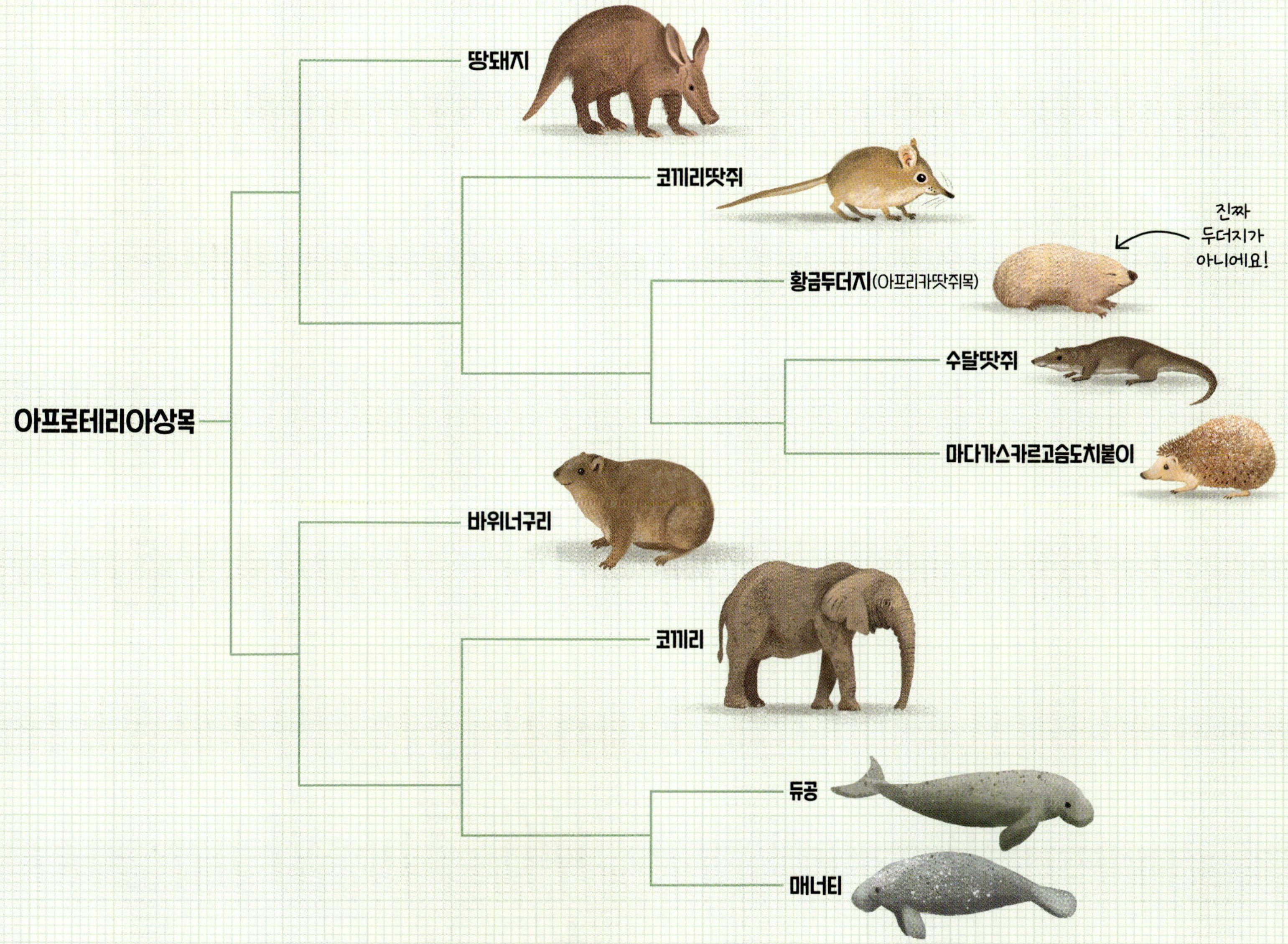

아프로테리아상목
- 땅돼지
- 코끼리땃쥐
- 황금두더지 (아프리카땃쥐목) ← 진짜 두더지가 아니에요!
- 수달땃쥐
- 마다가스카르고슴도치붙이
- 바위너구리
- 코끼리
- 듀공
- 매너티

때로는 어떤 무리로 묶을 만한 특성을 찾기가 몹시 어려울 수도 있어요. 그 특성이 마치 암호처럼 몸속 깊숙이 숨겨져 있거나 골격의 아주 미세한 부분일 수도 있거든요. 또 새가 아닌 공룡들처럼 멸종된 경우라면 말할 것도 없고요.

따라서 우리가 서로 가까운 관계라고 믿던 동물들도 새로운 가설이 등장하고 그 가설이 사실로 증명되면, 두더지와 황금두더지처럼 한순간에 갈라질 수 있어요. 과연 수각류는 앞으로…… 어떻게 될까요?

공룡은 모두 덩치가 엄청나게 컸다 틀렸다!!

기라파티탄, 티라노사우루스, 드레드노투스……. 박물관에 전시된 공룡들은 하나같이 키도 덩치도 어마어마해요. 그런데 사실 공룡 중 많은 수가 그보다 훨씬, 훨씬 더 작았답니다.

몸집이 작은 공룡들은 공룡 시대가 시작된 중생대 초기에 많았어요. 하지만 백악기에도 몇몇 깜직한 공룡들이 살았지요. 그런데 '작다'는 건…… 얼마나 작은 걸까요?

진펭곱테릭스는 **트로오돈**과 가까운 관계인 수각류 공룡으로, 키가 사람 무릎 높이에도 한참 못 미칠 만큼 작았어요. 화석에 남은 흔적으로 볼 때, 수각류지만 가끔 씨앗도 먹었던 것 같아요.

가스파리니사우라는 **이구아노돈**과 관련이 있는 공룡이에요. 몸길이가 1m에서 2m 사이로, 친척들 사이에서도 작은 편이었어요.

앞다리가 짤따란 알바레즈사우루스류는 크기가 매우 작은 수각류였어요. 그중 **슈부이아**와 **파르비쿠르소르**는 오늘날 몽골 지역에서 살던 작고 빠른 공룡인데, 특히 **파르비쿠르소르**는 180ml 우유 한 팩보다도 가벼웠답니다!

가장 작은 발자국

1cm

지금까지 발견된 가장 작은 공룡 발자국은 길이가 겨우 1cm밖에 안 돼요. 한국 진주시에서 발견됐는데, 발자국 주인은 참새만 한 크기의 랍토르류일 거라고 해요.

동물의 세계에서는 동물이 같은 종의 무리에서 떨어지면, 크기나 모습이 변하거나 아예 '난쟁이'라고 불리는 왜소한 종으로 진화하는 일이 생겨요. 이런 일은 보통 공간이 비좁고, 먹을 것이 부족하며, 적이 별로 없는 섬에서 일어난답니다.

몇몇 공룡도 난쟁이 종이었던 것 같아요. 고생물학자들은 화석화된 뼈를 들여다보고 '성장선'의 수를 세어서, 공룡이 다 자랐는지 아닌지를 알아봐요. 그런데 아래 공룡들은 크기가 작은데도 완전히 다 자란 것으로 보였어요.

테티스하드로스

디플로도쿠스

테티스하드로스는 지금의 이탈리아에서 발견된 하드로사우루스류예요. 덩치가 겨우 당나귀만 했는데, 꼬리는 좀 더 길었어요. 참고로 하드로사우루스류를 오리주둥이 공룡이라고도 해요.

마기아로사우루스

에우로파사우루스

용각류는 목이 길고 덩치가 거대하기로 유명하잖아요? 그런데 **마기아로사우루스**와 **에우로파사우루스**는 난쟁이 용각류였어요. 대표적인 용각류 공룡인 **디플로도쿠스**의 몸길이가 26m에 달했는데, 둘은 다 자란 길이가 6m밖에 안 됐지요! 둘 다 좁고 적이 없는 섬의 환경에 맞춰 몸집이 작게 진화한 것 같아요.

**이제 우리는 공룡이라고 해서 다 거대하지는 않다는 사실을 알게 됐어요.
덩치 큰 공룡들이 더 많이 알려졌던 건
그저 화석이 클수록 발견하기가 쉽기 때문이었지요!**

공룡은 몸에 비늘이 있고 녹색이었다

틀렸다!!

초기 고생물학자들은 공룡이 오늘날 살아 있는 동물 가운데 도마뱀과 가장 밀접한 관련이 있을 것으로 추정했어요. 그렇다 보니 자연스럽게 공룡은 도마뱀처럼 온몸이 비늘로 덮여 있고, 갈색을 띤 녹색이었을 거라고 생각하게 됐죠. 하지만 공룡에 관해 연구하면 할수록…… 공룡 피부가 실제로 그랬을 가능성은 낮아 보여요.

먼저, 어떤 공룡들은 정말로 온몸이 비늘로 덮여 있었어요. 하지만 많은 도마뱀처럼 서로 겹쳐진 모양의 비늘이 아니라, 멕시코독도마뱀이나 미국독도마뱀처럼 올록볼록하고 구슬 같은 모양에 더 가까웠답니다.

또 피부도 돌처럼 단단하지 않고, 오히려 닭의 다리와 발 피부처럼 부드럽고 신축성 있었을 거예요.

아메리카독도마뱀

티안유랍토르

그리고 이제는 모두가 인정하는 사실이지만, **티안유랍토르**를 포함한 많은 수각류는 몸에 '깃털'이 있었어요.

딜롱

그중 **딜롱** 같은 어떤 공룡들은 병아리 솜털 같은 '원시 깃털'을 가지고 있었어요. 모양은 매우 단순했지만, 보송보송해서 몸을 따뜻하게 감싸 줬을 거예요.

가르고일레오사우루스

반면 **가르고일레오사우루스** 같은 곡룡류 공룡들은 악어처럼 피부에 크고 혹 같은 돌기가 솟아 있었어요. 이 돌기는 비늘보다 훨씬 더 튼튼했답니다!

같은 수각류 중에도 **카우딥테릭스** 같은 공룡들은 오늘날의 새처럼 더 복잡한 형태의 깃털을 가지고 있었어요. 또 놀랍게도 티라노사우루스의 친척인 거대한 육식 공룡 **유티라누스**의 몸에서도 깃털이 발견됐답니다. 무시무시한 육식 공룡에게 부숭부숭한 깃털 옷이라니…… 아직은 좀 어색하지요?

카우딥테릭스

유티라누스

그런데 사실 수각류 공룡들만 깃털이 있던 게 아니었어요. 오늘날 새들의 조상과는 거리가 먼 조반목 공룡 **쿨린다드로메우스**의 화석에서도 원시 깃털처럼 보이는 흔적이 발견됐거든요. 이 발견으로 고생물학자들은 '어쩌면 공룡 전체가 깃털을 가졌을지도 모른다'는 생각을 갖게 됐지요!

마지막으로, 공룡들은 정말 녹색이었을까요? 고생물학자들이 화석화된 깃털에 남은 색소를 아주아주 자세히 분석한 결과, 몇몇 공룡의 색깔을 알아냈어요!

안키오르니스는 까마귀 정도 크기의 작은 공룡이에요. 진회색 몸에 팔다리의 긴 날개깃에는 흰 줄무늬가 있고, 머리에는 적갈색 큰 볏이 있지요.

역시 자그마한 수각류 공룡인 **카이홍**은 보는 각도에 따라 다른 색깔로 보이는 특별한 깃털을 가졌어요. 그래서 '큰 볏이 달린 무지개'라는 뜻의 이름을 얻었답니다.

시노사우롭테릭스는 매우 단순한 형태의 고동색 깃털로 덮여 있었어요. 판다처럼 눈 주변에 짙은 색 무늬가 있고, 긴 꼬리에는 밝은 줄무늬가 있었지요.

오늘날 살아 있는 공룡인 새는 눈 안에 색을 감지할 수 있는 수용체가 사람보다 많아서, 사람이 볼 수 없는 자외선을 포함해 폭넓은 색을 볼 수 있어요. 그래서 다채로운 색을 이용해 '나한테서 멀리 떨어져!', '내 짝이 되어 줄래?' 같은 신호를 보내지요. 이를 보면, 깃털을 가진 공룡들의 행동도 마찬가지였을 거예요. 이름 뜻이 '거대한 약탈자'일 만큼 덩치가 큰 **기간토랍토르** 또한 밝은색의 장식 깃털을 이용해서 자신의 매력을 뽐냈을지 모르죠.

반대로 자신을 지키기 위해 눈에 잘 띄지 않는 색깔을 가진 공룡도 있었어요. 2016년, 고생물학자들은 **프시타코사우루스**의 화석화된 피부에서 색소 세포를 찾아 분석했어요. 그랬더니 등 쪽은 진한 갈색이고 배 쪽은 옅은 색이었다는 결과가 나왔답니다. 이렇게 위쪽은 진하고 아래쪽은 옅은 몸 색깔은 야생 동물들이 많이 쓰는 생존 전략 중 하나예요. 따라서 **프시타코사우루스**는 오늘날의 다람쥐나 사슴처럼 빛이 얼룩덜룩하게 들 만큼 나무가 울창한 숲에서 살았을 거라고 짐작할 수 있어요.

기간토랍토르

고생물학자들은 공룡의 몸이 온통 녹색 비늘로 덮여 있었다는 증거는 발견하지 못했어요. 대신 공룡 중 일부는 초기 고생물학자들이 생각한 것과 다르게 깃털로 덮여 있었고, 심지어 깃털 색깔이 다채롭기까지 했다는 사실을 알게 됐지요!

공룡은 그다지 영리하지 않았다

동물의 지능이 얼마나 높은지 알아보는 가장 쉬운 방법 중 하나는
'뇌'가 몸집에 비해 얼마나 큰지 살펴보는 거예요.

이구아노돈

동물이 죽으면 뇌는 썩어서 사라져요. 하지만 뇌를 감싼 머리뼈는 화석이 되죠! 초기 고생물학자들은 공룡의 머리뼈를 얇게 썰거나 그 안에 유리구슬을 자르르 부어서, 머리뼈 속 공간이 얼마나 큰지 확인했어요. 공간이 클수록 그 안에 들어가는 뇌도 클 테니까요.
그러다 2016년, **이구아노돈**의 뇌 화석 일부가 세상에 드러났어요. 겨우 조약돌 만한 조각이지만, 드디어 공룡의 뇌가 어떻게 생겼고 얼마나 큰지 이해할 수 있는 단서가 생긴 것이지요.

처음에 고생물학자들은 공룡의 뇌도 오늘날의 파충류 뇌처럼 머리뼈안에 꽉 차지 않았을 거라고 생각했어요. 하지만 이제 우리는 공룡이 파충류보다는 새에 더 가깝다는 것을 알아요. 그리고 새는 사람처럼 뇌가 머리뼈 안에 딱 맞게 들어찬답니다. 즉, 공룡은 고생물학자들이 처음 예상한 것보다 좀 더 큰 뇌를 가졌을 거라고 미루어 생각할 수 있지요!

스테노니코사우루스

몸집에 비해 가장 큰 뇌를 가진 공룡은 **스테노니코사우루스, 시샤사우루스** 같은 민첩한 육식 공룡이었어요. 뇌 크기가 오늘날의 새와 비슷했지요.

티라노사우루스의 뇌

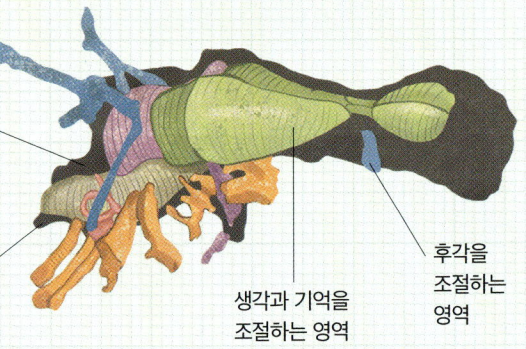

시샤사우루스

몸의 균형과 움직임을 조절하는 영역

몸과 연결되며 숨 쉬는 일 등을 조절하는 뇌줄기

생각과 기억을 조절하는 영역

후각을 조절하는 영역

또한, 다양한 뇌 영역의 크기를 측정하면 동물의 행동이나 능력을 이해하는 데 도움이 될 수 있어요.

타조 공룡류인 **하르피미무스**처럼 잡식성이거나 주로 식물을 먹은 공룡들은 냄새를 감지하는 후각 망울이 매우 작았어요. 즉, 냄새를 맡는 능력이 뛰어나지 않았다는 이야기지요. 그래서 이런 공룡들은 주변에 흔한 식물들로 배를 채울 수 밖에 없었어요.

하르피미무스

부이트레랍토르

반대로 수각류인 **부이트레랍토르**는 후각 망울이 훨씬 더 컸어요. 다른 동물의 냄새를 추적해서 사냥해야 하는 육식 공룡에게는 초식 공룡보다 더 뛰어난 후각이 필요하기 때문이죠.

자나바자르

자나바자르 같은 나중에 등장한 수각류는 초기 수각류보다 뇌가 커서 상황을 판단하고 해결하는 능력이 뛰어났을 거예요.

공룡이 새와 비슷한 뇌를 가졌다는 것은 여러 가지 놀라운 행동을 할 수 있었다는 것을 의미해요. 오늘날의 새들은 해마다 길을 잃지 않고 먼 거리를 오가며, 수천 마리가 거대한 무리를 지어 이동하고, 복잡한 노랫소리로 자신의 영역을 표시하며, 심지어 어떤 새들은 나뭇가지로 간단한 도구도 만들 수 있으니까요!

공룡은 맹수처럼 포효했다 틀렸다!!

공룡은 정말 영화에서처럼 입을 쩍 벌리고 귀청이 터질 듯한 소리를 냈을까요?
오늘날 크게 울부짖는 동물들을 보면, 답을 찾을 단서를 얻을 수 있을 거예요.

동물들이 **사자**와 **호랑이**처럼 세차게 울부짖는 소리나 그 행동을 '포효'라고 해요. 아프리카 사바나에서는 **사자**의 포효가 8km 밖에서도 들려요. 길고 두껍고 신축성 있는 성대 덕분에 아주 우렁찬 소리를 낼 수 있거든요. 대부분 "여긴 내 땅이야, 모두 나가!" 하고 위협할 때 크게 울부짖는답니다.

사자

그럼 맹수들만 포효할까요? 아니요, 초식 동물도 포효할 수 있어요. 북반구에 널리 퍼져 사는 **붉은사슴** 수컷들은 상대에게 자신이 얼마나 큰지 뽐내기 위해 으르렁거려요.

붉은사슴

또 **붉은짖는원숭이**는 목구멍에 특별한 뼈가 있어서, 크고 거친 소리로 울부짖을 수 있어요. 5km나 떨어진 곳까지 들려서, 중앙 및 남아메리카 지역의 정글에 메아리처럼 울려 퍼지지요.

붉은짖는원숭이

잔점박이물범

육지에 사는 동물만 포효할 수 있는 건 아니에요. **잔점박이물범**은 육지에 있을 때는 수줍어하지만, 물속에서는 맹수처럼 변해요. 적과 마주치면 입을 쩍 벌리고 큰 소리로 경고하지요. 마치 사람들이 저마다 다른 억양으로 말하는 것처럼 물범들도 무리에 따라 각자의 방식으로 포효해요.

지금까지 살펴본 동물은 전부 포유류예요.
그렇다면 파충류와 새는 어떨까요?

크로커다일

크로커다일, 앨리게이터, 카이만은 겉모습은 무시무시하지만 포효하지는 못해요. 이들이 낼 수 있는 가장 큰 소리는 몸통 깊은 곳에서 울리는 크고 낮은 소리예요. 이 소리를 내면 갑옷을 입은 것 같은 등 위로 물방울이 춤을 추듯 튀어 오르지요.

흰방울새

살아남은 공룡들, 그러니까 새는 저마다의 소리로 재재거리면서 아침을 열어요. 브라질에 사는 **흰방울새**는 세계에서 가장 시끄러운 새로 유명해요. 짝짓기 때가 되면 마치 화재 경보음 같은 높고 큰 소리를 내거든요. 하지만 그건 포효가 아니죠!

코모도왕도마뱀

인도네시아에 사는 **코모도왕도마뱀**은 세계에서 가장 큰 도마뱀이에요. 강력한 이빨로 자기보다 덩치가 큰 물소도 사냥하는데, 입에서는 쉬익 쉿 하는 위협적인 소리를 낼 뿐이랍니다.

그렇다면 공룡은 어땠을까요? 아쉽게도 공룡의 성대는 화석으로 남지 않아서, 공룡이 어떤 소리를 냈을지 알 수 없어요. 하지만 공룡은 파충류, 새와 관련이 있으니까, 아마도 이들과 비슷하지 않았을까요?

파라사우롤로푸스

즉, 티라노사우루스와 알로사우루스는 영화에 나오는 공룡들처럼 '크아아아!' 하고 포효하지 않았을 가능성이 커요. 단, 파라사우롤로푸스 같은 일부 오리주둥이 공룡은 머리 위에 난 이상한 볏에 공기를 불어 넣어서 마치 트럼펫을 불듯 큰 소리를 냈을 수 있어요. 툿뚜우~!

공룡은 거칠고 무자비했다

틀렸다!!

우리가 그동안 책이나 박물관에서 본 공룡들은 피가 묻은 입을 쩍 벌리고 있거나 험상궂은 모습으로 우리를 위협했어요. 그러다 보니 공룡들에게 상냥한 면이 있었을 거라고 상상하기 어렵지요. 하지만 많은 공룡이 자신의 새끼를 살뜰하게 돌봤다는 수많은 증거가 있어요.

메이

오늘날 많은 종의 새와 악어가 새끼를 위해 아늑한 보금자리를 마련하고, 끼니때마다 먹이를 물어 나르면서 정성껏 돌봐요. 이제 막 알에서 나온 새끼들은 혼자서 살아갈 수 없거든요. 스스로 먹이를 구하고 자신을 지킬 수 있을 때까지 엄마 아빠의 보살핌이 필요하지요.

메이를 포함한 많은 공룡도 이들과 같거나 비슷했을 확률이 높아요. 실제로 공룡 발자국 화석을 연구한 고생물학자들은 단체로 사는 곳을 옮겨 다니던 공룡들이 새끼들을 무리 안쪽에 넣고 데리고 다니면서, 손쉬운 사냥감을 노리는 포식자로부터 보호했을 거라고 말해요. 마치 오늘날 코끼리 같은 덩치 큰 동물들이 그러는 것처럼 말이에요.

또 덩치가 큰 오리주둥이 공룡인 **마이아사우라**는 여러 암컷이 함께 둥그런 둥지를 지어서 알을 부화시킨 것으로 유명해요. 심지어 이 둥지를 다시 사용하려고 해마다 같은 장소로 돌아왔다는 것을 보여주는 화석도 있다고 하지요.

마이아사우라

티안유랍토르와 **세리코르니스** 같은 많은 공룡은 깃털이 있지만 하늘을 날지 못했어요. 아마도 이런 공룡들은 **키티파티**처럼 깃털로 알을 따뜻하게 덮어서 부화시켰을 거예요.

티안유랍토르

키티파티는 우연히 알둥지 위에서 알을 품는 자세로 화석화됐어요. 덕분에 고생물학자들은 공룡 중 일부가 새와 비슷한 방식으로 알을 품었다는 놀라운 사실을 알게 됐지요! 앞다리가 가늘어서 알들을 완전히 감싸지는 못했겠지만, 앞다리와 몸의 깃털이 알을 따뜻하게 덮어 줬을 거예요.

고생물학자들은 당시 발견한 **키티파티** 화석에 '빅 마마(Big mama)'라는 별명을 붙여 줬어요. 하지만 최근에는 이 화석의 주인공이 사실은 수컷이었고, 여러 암컷의 알을 한꺼번에 보호하고 있었던 거라고 추측하기도 해요.

키티파티

물렁물렁한 알

2020년, 고생물학자들은 놀라운 발견을 했어요. 공룡 알은 원래 물렁물렁했고, 후기에 등장한 공룡들의 알만 새알처럼 단단하게 진화했다는 거예요. 그러니까 그동안 공룡 알 화석을 많이 찾을 수 없었던 것은 알껍데기가 무르고 부드러워서 화석화되기가 어려웠기 때문인 거죠.

오늘날의 거북이 알을 낳은 뒤 모래로 덮고 떠나는 것처럼 어쩌면 많은 공룡이 새끼들 스스로 위험을 헤쳐 나가게 내버려 뒀을지도 몰라요. 하지만 이 놀라운 화석들은 적어도 몇몇 공룡은 새끼를 직접 품고 돌보며 지켜 줬다는 것을 보여 줘요. 그러니까 공룡이 다 무자비하지는 않았다는 얘기예요!

용각류는 다 똑같이 생겼다
틀렸다!!

우리는 '용각류'가 어떻게 생겼는지 잘 알고 있어요. 머리가 작고, 목과 꼬리가 아주 길고, 네 다리는 굵은 통나무 같죠. 그래요, 디플로도쿠스처럼요! 그래서 용각류는 수많은 공룡 사이에서 쉽게 알아볼 수 있어요. 하지만 용각류 안에도 많은 종류가 있고, 그중 몇몇은 정말 이상하게 생겼답니다.

브라키트라켈로판은 용각류인데도 목이 매우 짧았어요. 그래서 키 작은 식물을 먹었을 거예요.

브라키트라켈로판

초식 동물에게 무겁고 큰 몸은 독이 될 수도 있어요. 한자리에 서서 우적우적 풀을 씹는 사이, 날쌘 육식 동물의 표적이 될 수 있으니까요. 하지만 다행히 슈노사우루스 같은 몇몇 용각류는 자신을 지킬 무기를 가지고 있었어요. 바로 꼬리 끝에 달린 묵직한 곤봉이죠. 어디, 덤벼 보라고!

살타사우루스

살타사우루스는 좀 더 나아가, 몸의 많은 부분을 갑옷 같은 단단한 골판으로 덮었어요.

슈노사우루스

바하다사우루스

또 다른 용각류들은 목에 말도 안 되는 기다란 돌기가 나 있었어요. 그중 하나가 바하다사우루스인데, 키는 겨우 코끼리만 했지만 목에 난 가시 때문에 훨씬 커 보였을 거예요!

지금까지 본 공룡들은 분명히 우리가 아는 **디플로도쿠스**의 모습과는 달랐어요. 그런데 디플로도쿠스의 실제 모습이 어땠는지, 어떻게 알까요?

용각류의 조상

믿기 어렵겠지만, 이 거대한 용각류 공룡들은 전부 작고 호리호리했던 **사투르날리아** 같은 공룡들로부터 진화했어요.

사투르날리아

몇몇 고생물학자들은 **디플로도쿠스**의 입이 나뭇가지에서 작은 잎들을 벗겨 먹기 좋도록 부리처럼 생겼을 거라고 짐작해요.

최근에 발견된 화석으로 볼 때, 눈 위로 툭 불거진 뼈가 마치 선캡처럼 햇빛으로부터 눈을 보호해 준 것 같아요.

또 등줄기를 따라 약 18cm 길이의 가늘고 단단한 돌기가 한 줄로 쭉 나 있었다는 사실이 최근에서야 밝혀졌어요.

꼬리는 대부분 힘 있게 뻗어 있지만, 끝부분은 매우 가늘어서 흐느적거렸을 거예요. 그래서 꼬리를 채찍처럼 휘둘러 적을 물리쳤을지도 몰라요.

용각류는 트라이아스기 후기부터 시작해 계속해서 신기한 형태로 진화했어요. 그리고 6600만 년 전, 조류가 아닌 다른 공룡들과 함께 멸종했죠. 그들이 사라진 이후, 육지에는 새로운 동물이 등장했고 그중에는 지금의 코끼리보다 훨씬 큰 동물도 있었어요. 하지만 용각류처럼 거대한 동물은 지구에 다시 등장하지 않을 거예요!

티라노사우루스 렉스는 가장 큰 육식 공룡이었다 틀렸다!!

일단, 티라노사우루스는 매우 거대했어요. 확실히요!

지금까지 발견된 가장 큰 **티라노사우루스** 뼈대 화석은 미국과 캐나다 박물관에 각각 전시돼 있는 '수'와 '스코티'예요.

수는 정말 거대했어요. 바닥부터 엉덩이까지의 높이가 4m에 달했지요! 스코티는 수보다 머리부터 꼬리까지의 길이는 조금 짧지만, 체격이 꽤 다부졌어요. 무게가 무려 9t 가까이 나갔을 것으로 추측하는데, 이는 흰코뿔소 세 마리나 평균적인 성인 100명의 몸무게를 합한 것보다 더 무거운 것이랍니다!

그럼 티라노사우루스가 정말 세상에서 가장 큰 육식 공룡이었을까요? 음, 고생물학자들은 이제 **티라노사우루스**를 대신해 '가장 큰 육식 공룡'이라는 왕좌에 오를 다른 공룡이 있다고 생각해요. 알제리에서 발견된 **카르카로돈토사우루스**나 아르헨티나에서 발견된 **기가노토사우루스**, **티라노티탄** 같은 공룡들은 **티라노사우루스**의 친척인 **알로사우루스**와 닮았지만 덩치는 훨씬, 훨씬 더 크거든요!

또한 '크다'는 건 무엇을 기준으로 삼느냐에 따라 달라지는 문제예요. 그 예로 현재 '가장 긴' 수각류는 누구일까요? 바로 물가에 살면서 강력한 턱으로 물고기를 잡아챘던 백악기 후기 공룡 **스피노사우루스**예요. 주둥이부터 꼬리 끝까지가 무려 15m에 달해서, 수보다 2m나 더 길지요!

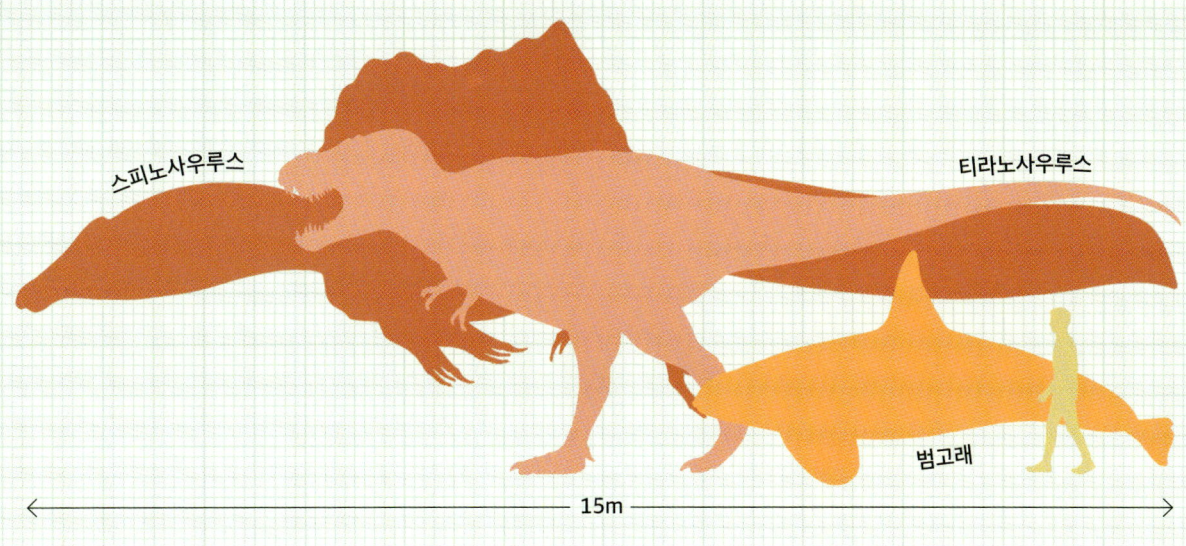

공룡의 크기를 정확히 알아내는 것은 몹시 어려운 일이에요. 줄자로 척척 재면 될 것 같지만, 뼈대가 완전하게 남은 화석은 아주 드물거든요. 그래서 고생물학자들은 발견한 것이 어떤 뼈인지, 원래는 어떤 뼈가 얼마나 더 있었을지, 서로 어떻게 맞물렸을지를 추측해서 길이를 측정해야 해요.

심지어 무게는 알아내기가 훨씬 더 까다로워요! 그래서 어떤 고생물학자들은 궁리 끝에 공룡의 생김새를 추측해 작은 모형을 만들고, 그것을 수조에 넣어서 무게를 예측하는 방법을 생각해 냈어요. 공룡 모형을 넣었을 때 달라지는 물 높이를 확인해서, 공룡이 얼마나 무거웠을지 계산하는 거죠.

요즘은 컴퓨터를 이용해서 3D 모델을 만들어요. 피부의 부드럽고 말랑말랑한 부분과 몸속에 있었을 각종 장기까지 사실적으로 만들어서, 공룡의 무게를 추측하지요.

다만 우리가 항상 기억해야 할 점은 공룡도 오늘날의 동물처럼 하나하나 다 달랐을 거라는 거예요. 같은 **티라노사우루스**라고 해도 누구는 몸통이 굵고 누구는 조금 말랐을 수 있어요. 또 키가 조금 작은 녀석도 있고 남들보다 다리가 더 긴 녀석도 있었을 수 있죠.

그러니까 티라노사우루스가 거대한 육식 공룡이었던 것은 사실이지만, '가장 큰 육식 공룡이었다'라고는 말할 수 없어요. 확실한 것은 티라노사우루스 못지않게 큰 육식 공룡이 있었고, 이제 와서 누가 가장 컸는지 밝혀내기란 거의 불가능하다는 거예요!

티라노사우루스 렉스는 사람보다 빨리 달렸다 틀렸다!!

한때 과학자들은 티라노사우루스가 세계적인 단거리 달리기 선수들보다 더 빨리 달렸을 거라고 생각했어요. 그러니까 육식 공룡을 대표하는 이 거대한 사냥꾼이 엄청난 속도로 땅 위를 휩쓸고 다녔을 거라는 이야기지요. 그런데 정말 그렇게 빨랐을까요? 그걸 어떻게 알 수 있죠?

어떤 동물이 얼마나 빨리 달릴 수 있는지 알아내는 가장 좋은 방법은 근육을 살펴보는 거예요. 하지만 안타깝게도 근육은 화석화되지 않아요. 대신 '발자국' 화석은 찾을 수 있죠! 공룡 발자국은 지구에 정말 공룡이 존재했다는 것을 보여 주는 흔적일 뿐인 것 같지만, 그게 다가 아니에요. 공룡 한 마리가 걸어간 길인 '보행렬'에는 공룡이 어떻게 움직였는지를 알아낼 수 있는 중요한 단서가 들어 있거든요.

고생물학자들은 발자국 모양을 보고 이 공룡이 두 발로 걸었는지, 네발로 걸었는지부터 키나 몸집이 얼마나 될지도 추측해요.

또 발자국과 발자국 사이의 거리를 재면, 공룡의 걷는 속도도 짐작할 수 있어요. 앞발과 뒷발 사이가 멀고 왼발과 오른발 사이가 좁을수록 걷는 속도가 빨랐다는 뜻이지요.

하지만 화석이 잘 만들어지는 조건의 땅은 걷거나 달리기가 힘들었을 거예요. 그래서 아쉽게도 공룡의 보행 속도를 연구할 만한 보행렬이 많지 않아요. 게다가 땅이 무르면 화석이 굳는 사이에 모양이 틀어질 수 있어서, 발자국 주인을 찾던 고생물학자들은 종종 혼란에 빠지곤 하지요.

그래서 고생물학자들은 발자국뿐만 아니라 현재 존재하는 동물들의 근육을 관찰해요. 이를 바탕으로 공룡의 뼈에 근육이 어떻게 붙어 있었을지 채워 보고, 그 근육들이 다리뼈를 얼마나 강력하게 잡아당길 수 있었을지 상상해 보지요.

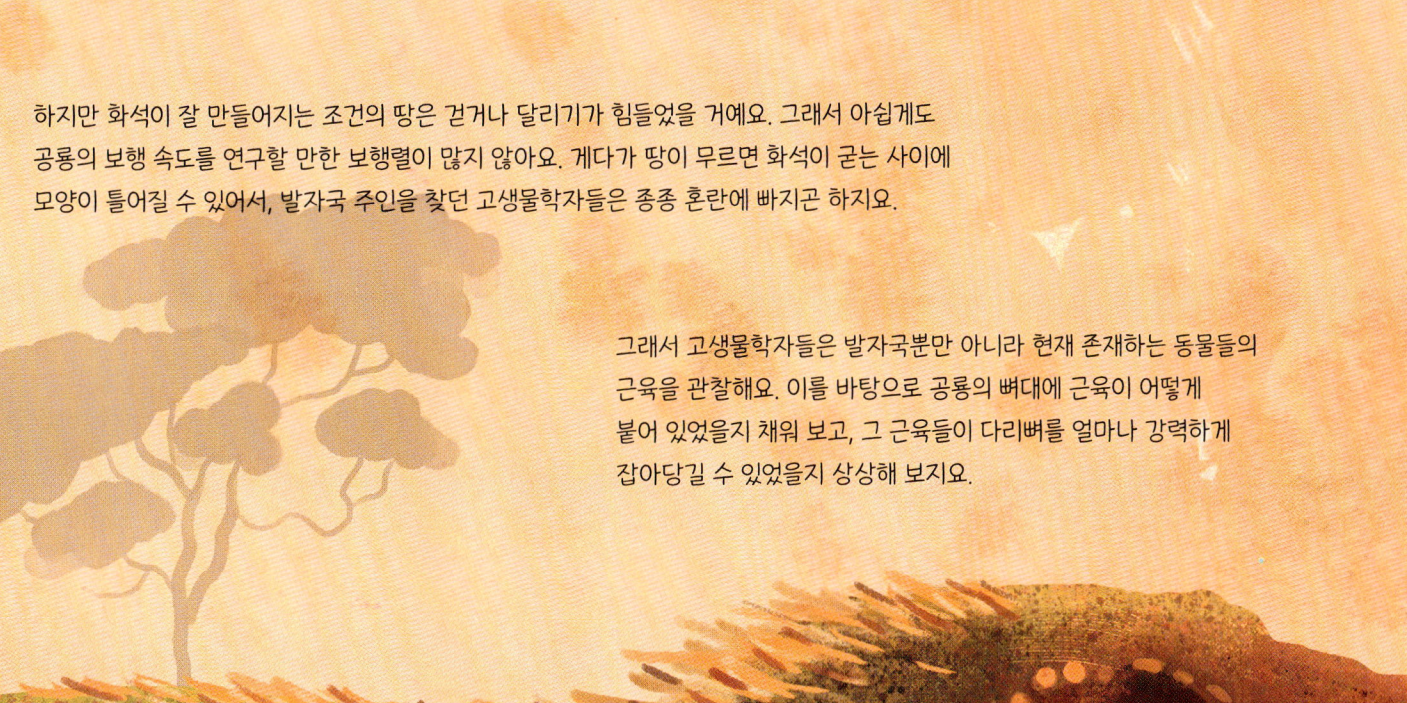

자, 그래서 티라노사우루스는 빨리 달렸을까요?
음, 일단 티라노사우루스는 다리가 길쭉했어요. 이건 다리를 앞뒤로 쭉쭉 뻗을 수 있었을 거란 뜻이에요. 또 고생물학자들은 티라노사우루스의 꼬리 맨 밑부분 뼈에 붙어 있었을 근육의 위치를 연구하고, 오늘날의 새와 파충류의 근육과 비교해 봤어요. 그 결과, 티라노사우루스가 오랜 시간 걸을 수 있었다는 것을 알아냈답니다.
하지만 티라노사우루스는 몸집이 지나치게 크고 무거웠어요. 그건 곧 달리거나, 하다못해 성큼성큼 빠르게 걷는 동작조차 티라노사우루스의 발과 다리 뼈에 엄청난 충격을 줬을 거라는 이야기예요. 뼈가 산산조각이 났을지도 모르지요!

이 모든 것을 합쳐 보면…… 티라노사우루스는 대략 시속 19km로 달렸을 거예요. 빠른 거냐고요? 흠, 20초 동안 100m를 가는 속도니까 어쩌면 여러분이 더 빠를 수도 있어요! 하지만 그렇다고 이 공룡을 만만하게 여기면 절대 안 돼요. 최근 고생물학자들이 티라노사우루스의 머리뼈를 연구했더니, 티라노사우루스는 달리면서 매우 민첩하게 방향을 틀고 회전했을 거라는 사실이 밝혀졌거든요.

즉, 면도날처럼 날카로운 이빨로 가득 찬 입, 뼈를 산산이 부술 수 있는 강력한 턱, 발레리나의 매끄러운 회전 기술을 갖춘 티라노사우루스는 당시 가장 빠른 육식 공룡은 아니었지만 굉장히 위협적인 포식자였던 건 맞아요. 그러니까 티라노사우루스는 무조건 피하는 게 백번 옳아요!

공룡은 변온 동물이었다 틀렸다!!

주변 온도에 따라 체온이 변하는 동물을 '변온 동물', 스스로 체온을 조절할 수 있어서 주변 온도와 상관없이 체온이 항상 일정하고 따뜻한 동물을 '정온 동물' 또는 '항온 동물'이라고 해요. 사람들은 꽤 오랫동안 공룡이 파충류처럼 변온 동물이었을 거라고 믿어 왔어요. 그런데 이 생각을 뒤집는 증거가 속속 발견됐어요.

첫째, 변온 동물은 주변 온도가 떨어지면 체온도 낮아져서 몸을 움직일 수 없어요. 그래서 많은 변온 동물이 아침마다 햇볕을 받아 몸을 따뜻하게 데우고, 겨울에는 물밑이나 땅속으로 들어가서 겨울잠을 잔답니다.

조반류 가운데 최초로 깃털의 존재가 확인된
프시타코사우루스

반면 포유류나 조류 같은 정온 동물은 그럴 필요가 없어요. 몸속에서 계속 열이 생기고, 털과 깃털이 몸 밖으로 열이 쉽게 빠져나가지 않도록 막아 주거든요. 그런데 공룡 화석에서 깃털의 흔적이 발견됐어요. 그렇다면 공룡도 오늘날의 정온 동물처럼 체온이 일정했을 가능성이 커지죠.

둘째, 정온 동물은 주변 온도에 영향을 받는 변온 동물보다 오랜 시간 바쁘게 활동할 수 있어요. 다만 그러려면 머리끝부터 발끝까지 몸 구석구석 피를 쭉쭉 보낼 수 있는 강력한 심장이 필요해요. 그런데 한 초식 공룡의 뼈 화석을 X선으로 촬영하자, 하나의 대동맥과 4개의 방이 있는 심장 흔적이 발견됐어요. 파충류가 아니라 우리 심장과 닮은 모습이었죠!

셋째, 변온 동물은 대체로 정온 동물보다 천천히 자라요. 고생물학자들이 공룡 뼈 화석 단면에 나이테처럼 새겨진 성장선을 살펴보자, 오늘날의 악어보다는 훨씬 빨랐지만 포유류보다는 천천히 자란 것 같다는 결론이 나왔어요. 즉, 체온이 아주 일정하지는 않아도 어느 정도는 일정하게 유지됐을 거라고 생각할 수 있어요.

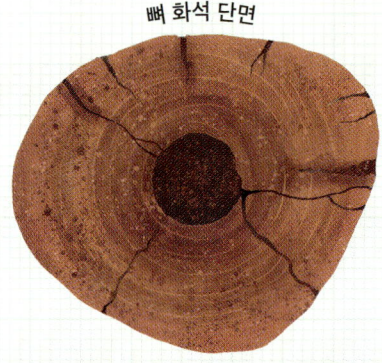

뼈 화석 단면

넷째, 변온 동물은 몹시 추운 곳에서는 살아남기 어려워요. 그런데 알래스카에서 수각류 공룡인 **나누크사우루스**와 수백 개의 새끼 공룡 뼈가 발견됐어요. 공룡이 추운 환경에서도 알을 낳고 새끼를 기르며 살았다는 증거가 나온 것이지요!

비록 백악기 후기에는 북극권이 지금처럼 춥지는 않았겠지만, 그때도 다른 곳보다는 기온이 훨씬 낮고 1년에 몇 개월은 해가 뜨지 않았어요. 따라서 북극에 살던 공룡들은 햇볕 없이도 추위를 버틸 수 있도록 체온이 일정하게 유지됐을 가능성이 매우 크답니다.

또 지구 반대편인 남극권에서는 덩치가 작은 조반류 공룡인 **레아엘리나사우라**가 발견됐어요. 남극 역시 겨울이 오면 긴 어둠이 찾아와요. 따라서 남극의 공룡들도 스스로 몸을 데울 수 없었다면 긴 겨울을 버틸 수 없었을 거예요.

깃털과 성장선, 추운 극지방에서 발견된 공룡들……. 이러한 단서들은 '공룡은 변온 동물이었다'라는 오래된 관념을 뒤집기에 충분했어요. 오늘날 많은 고생물학자는 공룡이 완전한 정온 동물은 아니었을지라도 비교적 체온을 일정하게 유지할 수 있어서, 아침마다 햇볕으로 몸을 데울 필요가 없었을 거라고 생각해요.

공룡은 땅에서만 살았다

틀렸다!!

공룡에 관해 잘 모르는 사람들은 박쥐 같은 날개로 하늘을 누비던 익룡이나 긴 목으로 바닷속을 헤엄치던 수장룡도 모두 공룡이라고 생각해요. 하지만 여러분은 그게 아니란 걸 알고 있죠. 공룡은 땅 위에 살았다는 것도요. 그런데 최근에 새로운 사실이 드러났어요. 모든 공룡이 땅에 발을 붙이고 살았던 건 아니라는 거예요!

할스카랍토르는 잘 달릴 수 있는 튼튼한 다리를 가졌지만, 물가에 살면서 물에서 많은 시간을 보냈어요. 고니처럼 목이 길고 콧구멍이 주둥이 위쪽에 있으며, 입안에는 미끄러운 물고기를 꽉 붙잡을 수 있도록 날카로운 이빨이 가득했지요.

강가를 따라 질척질척한 진흙 위를 걸어 다니려면, 오늘날의 물떼새나 물꿩처럼 발가락이 가늘고 벌어져 있는 게 유리해요. 그래야 진흙에 발이 푹푹 빠지지 않거든요. 백악기 후기에 살았던 수각류 공룡 안주의 발이 꼭 이렇게 생겼어요!

할스카랍토르

안주

오릭토드로메우스

땅속을 좋아하는 공룡도 있었어요. 오릭토드로메우스는 백악기 말기에 살던 덩치가 작은 초식 공룡으로, 약 2m 길이의 아늑한 땅굴 속에서 새끼와 함께 살았답니다.

나무 위에서 살았던 공룡도 있어요. 나무에서 사는 것은 포식자를 피할 수 있을 뿐만 아니라 새로운 종류의 먹이를 찾을 수 있는 좋은 방법이에요.

긴 발가락은 나무에서 생활하는 데 큰 도움이 돼요. 쥐라기 중기 수각류인 **스칸소리옵테릭스**도 앞 발가락이 매우 길었어요. 고생물학자들은 **스칸소리옵테릭스**가 긴 발가락을 이용해서 나무를 탔을 거라고 짐작해요.

스칸소리옵테릭스

암보프테릭스

이와 **암보프테릭스**는 마치 박쥐처럼 길게 늘어난 앞 발가락 사이에 튼튼한 막이 채워져 있었어요. 하지만 날갯짓은 못 하고, 나무와 나무 사이로 바람을 타고 활공하면서 곤충과 작은 파충류를 사냥했을 것으로 보여요.

미크로랍토르

스칸소리옵테릭스와 가까운 관계인 **에피덱시프테릭스**는 태어날 때부터 앞다리가 기다랬어요. 또 발가락 끝에는 나뭇가지를 꽉 잡을 수 있게 길고 구부러진 발톱이 있었죠. 오늘날의 딱따구리처럼 길고 뻣뻣한 꼬리 깃털로 몸을 지탱한 채 나무에 매달려 있었을지도 몰라요.

에피덱시프테릭스

미크로랍토르는 네 다리에 긴 날개깃이 있었어요. 아마도 긴 뒷다리로 나무를 타고 올라가서, 바람을 타고 나무와 나무 사이를 이동하면서 원시 조류와 작은 동물을 사냥했던 것 같아요.

2018년, 새로운 스피노사우루스 화석이 발굴됐어요. 이 화석은 스피노사우루스의 꼬리뼈가 오늘날 악어의 것과 비슷한 모양이었고, 따라서 이 공룡이 악어처럼 긴 꼬리를 좌우로 흔들면서 물속을 헤엄쳐 다녔을 거란 걸 보여줬죠. 그동안 스피노사우루스가 육상 공룡이라고 믿었던 고생물학계는 큰 충격을 받았어요! 다음에는 또 어떤 공룡이 우리를 놀라게 할까요?

새끼 공룡은 엄마 아빠와 똑같이 생겼다 틀렸다!!

사람을 포함해 많은 동물은 어릴 때 모습이 부모와 비슷해요. 하지만 어떤 동물들은 처음에는 다르지만 자라면서 부모와 점점 닮아가기도 하지요. 고생물학자들은 아주 특별한 화석들을 통해, 몇몇 새끼 공룡들이 부모와 매우 다르게 생겼었다는 사실을 알게 됐어요.

스키피오닉스

어린 동물들이 귀여워 보이는 건 몸에 비해 큰 눈 때문이에요. 스키피오닉스는 새끼로 추정되는 화석이 딱 하나 발견됐는데, 큰 눈의 흔적이 또렷하게 남아 있었어요. 얼마나 귀여웠을까요?

오르니토미무스

오르니토미무스 같은 몇몇 공룡은 어릴 때는 보송보송한 솜털로 덮여 있다가 나이가 들면서 큰 깃털로 바뀌었어요.

카스모사우루스

거대한 프릴과 3개의 큰 뿔을 가진 **카스모사우루스**나 혹 같은 볏이 난 **프로사우롤로푸스**는 생김새가 아주 인상적이에요. 하지만 새끼 때는 훗날 뿔이나 볏이 될 작은 돌기가 전부였어요. 즉, 나이가 더 든 뒤에야 엄마 아빠와 비슷한 생김새가 되었다는 이야기지요.

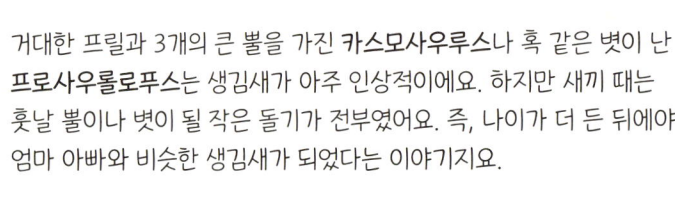
프로사우롤로푸스

무스사우루스

우리가 아기 때는 네발로 기다가 두 발로 걷게 된 것처럼 자라면서 걷는 방식이 달라지기도 해요. 트라이아스기 공룡인 **무스사우루스**는 어릴 때는 네발로 걷다가 다 자라면 앞다리가 짧아지면서 두 발로 걷게 바뀌었어요. 반대로 백악기의 **마이아사우라**는 어릴 때는 주로 두 발로 걷다가 더 자라면 네발로 걸었답니다.

티라노사우루스

티라노사우루스는 자라면서 뼈대에 대단히 많은 변화가 일어나요. 그중 대표적인 부위가 앞다리와 머리예요. 어른 티라노사우루스는 앞다리가 굉장히 짧다래요. 하지만 어린 새끼는 몸에 비해 팔이 그렇게 짧지 않고, 솜털도 보송했을 거예요. 또 어른 공룡은 길고 울퉁불퉁한 머리뼈 안에 무시무시한 이빨이 있었지만, 새끼는 주둥이도 짧고 이빨도 작았어요. 그러니 먹이도 어른 공룡과는 달랐을 겁니다.

한편, 화석 연구가 계속되면서 처음에는 다른 종류라고 생각했던 공룡들이 사실은 같은 종류였다는 주장이 나오기도 해요.

- 드라코렉스, 스티기몰로크, 파키케팔로사우루스는 사실 같은 공룡일지도 몰라요. 새끼가 자라면서 뿔이 점점 작아지고 머리뼈가 점점 두꺼워지는 등 생김새에 변화가 일어나, 각기 다른 공룡이라고 착각하게 됐다는 주장이죠.
- 커다란 뿔을 가진 네도케라톱스와 토로사우루스도 논란의 대상이에요. 트리케라톱스가 나이 들면서 생긴 변화라는 주장이 있거든요.
- 나노티란누스는 1980년대에 이름이 붙여진 수각류예요. 고생물학자들은 처음에 이 공룡이 티라노사우루스류치고는 덩치가 작고 말라서 새로운 종이라고 생각했어요. 하지만 지금은 어린 티라노사우루스라는 주장에 힘이 실리고 있답니다!

이처럼 공룡이 어떤 과정을 거쳐 자랐는지, 부모와 얼마나 다른지를 더 많이 알아낼 방법은 하나밖에 없어요. 더 많은 화석을 발견하고, 그 화석들이 우리에게 무엇을 알려주는지 주의 깊게 살펴보는 것이지요!

공룡은 악어처럼 턱을 위아래로만 움직였다

틀렸다!!

우리는 음식을 입에 넣고 꼭꼭 '씹어' 먹어요. 그런데 우리가 아무렇지 않게 하는
이 행동은 사실 동물이 가진 엄청난 능력이랍니다.

턱이 있는 모든 동물은 턱을 위아래로 움직여서 입을 벌리고 닫을 수 있어요. 덕분에 먹이를 물고 식물을 뜯거나 스스로 털을 다듬을 수 있지요. 그런데 트라이아스기에 최초로 진화한 포유류의 조상들은 놀랍고도 새로운 기술을 선보였어요. 바로 특별한 뼈를 이용해서 아래턱을 좌우로 움직이는 거예요. 여러분도 포유류니까 한번 해 보세요. 진짜 위아래뿐만 아니라 양옆으로도 움직이죠? 덕분에 쥐에서 매머드, 하이에나, 고슴도치, 사람에 이르기까지 거의 모든 포유류가 음식을 꼭꼭 씹어서 삼킬 수 있게 됐답니다.

아퀼라리누스

기린

리무사우루스

반면에 공룡들은 턱을 위아래로만 움직일 수 있었어요. 물론 **아퀼라리누스**처럼 삽 모양의 아래턱으로 물속의 식물을 퍼 먹은 공룡도 있고, **리무사우루스**처럼 자라면서 이빨이 사라져서 새 부리 같은 주둥이로 식물을 뜯어 먹은 신기한 공룡도 있어요. 하지만 그 누구도 우리처럼 턱을 좌우로 움직이면서 먹이를 잘게 씹어 먹을 수 없었지요.

고생물학자들은 정말 그렇게 생각했어요. 그런데……!

에드몬토사우루스의 이빨이 고생물학자들을 충격에 빠트렸어요.

공룡의 이빨을 현미경으로 자세히 들여다보면, 미세하게 긁힌 자국들이 보여요. 공룡이 무언가를 먹으면 이빨에 흔적이 남거든요. 그래서 긁힌 모양을 보면, 공룡이 무엇을 먹었는지 뿐만 아니라 턱이 어떤 방식으로 움직였는지도 추정할 수 있답니다.

에드몬토사우루스

에드몬토사우루스의 이빨에는 좌우로 긁힌 자국이 남아 있었어요. 그건 곧 턱이 좌우로 움직였다는 놀라운 증거였지요! **에드몬토사우루스**는 백악기 후기에 살던 오리주둥이 공룡이에요. 입안에는 먹이를 으깰 수 있는 수백 개의 이빨이 촘촘히 나 있고, 위턱이 머리뼈에 경첩 같은 관절로 연결돼 있었어요. 그래서 입에 식물을 넣고 다물면, 아랫니가 윗니를 바깥쪽으로 밀어내면서 식물을 부드럽게 갈았던 것으로 보여요. 그렇다면 오늘날의 초식 포유류만큼은 아니더라도 식물을 꽤 잘근잘근 씹을 수 있었겠지요. 즉, **에드몬토사우루스**는 연한 식물만 골라 먹을 필요가 없었고, 덕분에 살아남기가 유리했을 거예요!

수백 개의 작은 이빨이 여러 줄로 촘촘하게 모여 있는 '치판'

먹이를 씹을 때마다 윗니가 아랫니에 밀려났다가 다시 돌아가느라 볼이 씰룩대요.

이로써 알 수 있는 것은 무엇일까요?
공룡은 포유류와는 완전히 다르지만, 그 나름대로
먹이를 더 잘 먹고 잘 소화할 수 있는 방식으로
진화했다는 거예요!

수각류는 전부 육식 공룡이었다

틀렸다!!

티라노사우루스, 알로사우루스 같은 수각류는 살을 찢고 자를 수 있는 날카로운 이빨을 가진 육식 공룡이에요. 그러나 백악기에 등장한 테리지노사우루스류는 색다른 수각류였어요.

테리지노사우루스류가 처음 발견됐을 때, 고생물학자들은 큰 혼란에 빠졌어요. 커다란 낫 같은 발톱은 이제까지 본 적이 없던 괴상한 것이었거든요. 또 추가로 화석이 발견될수록 수각류인데도 고기가 아니라 식물을 먹었을 것으로 보이는 믿기 어려운 단서가 쌓여갔답니다.

알사사우루스는 초기 테리지노사우루스류예요. 하지만 나중에 등장한 테리지노사우루스류와 마찬가지로 남산만 한 배를 떠받칠 수 있는 넓은 엉덩뼈를 가졌어요. 불룩한 배 안에는 식물을 충분히 소화할 수 있는 거대한 위가 들어 있었답니다.

테리지노사우루스류에 속하는 **네이멍구사우루스**는 이빨이 육식을 하는 수각류 공룡들과 다르게 생겼어요. 아래턱에 난 이빨 가장자리가 톱날처럼 삐쭉삐쭉했는데, 식물을 물고 뜯기에 좋은 모양새였죠.

베이피아오사우루스는 덩치가 작은 테리지노사우루스류예요. 역시 식물을 먹었을 것으로 보이고, 다른 많은 수각류처럼 몸이 보송한 솜털 같은 깃털로 덮여 있었어요.

테리지노사우루스는 수각류 중에서도 덩치가 큰 공룡이었어요. 처음에는 크고 기다란 발톱만 발견돼서, 발톱을 칼처럼 휘둘러 먹잇감을 사냥한 육식 공룡인 줄 알았어요. 하지만 이 거대한 발톱은 무기는커녕 높이 난 식물을 걸어서 입 쪽으로 끌어당기는 용이었던 것 같아요.

동물이 어떤 먹이를 먹으면, 입과 이빨 등 몸의 여러 부분에 '식성'을 알 수 있는 단서가 남아요. 실제로 화석을 연구하자, 수각류지만 다른 공룡의 살점뿐만 아니라 다양한 종류의 먹이를 먹은 공룡도 많았어요.

알베르토니쿠스

알베르토니쿠스는 덩치가 작고 앞다리가 몹시 짧았어요. 하지만 힘은 아주 아주 셌답니다. 그래서 큰 엄지발톱으로 썩은 통나무를 찢고, 길쭉한 주둥이와 혀로 그 안의 흰개미를 모조리 잡아먹었을지도 몰라요. 마치 오늘날의 개미핥기처럼요.

마시아카사우루스

마시아카사우루스는 아래턱에 난 앞니가 앞쪽으로 비스듬히 튀어나와 있었어요. 아마도 이 이빨로 물고기를 찍어 먹었던 것 같은데, 확실하지는 않아요. 오늘날 어떤 동물도 이렇게 괴상한 입을 갖고 있지 않거든요.

등이 불룩한 **데이노케이루스**는 아주 미스터리한 공룡이었어요. 50년 동안이나 앞다리와 앞 발가락 화석이 전부였답니다. 그러다 마침내 다른 화석들이 발견됐고, 넓적한 입으로 물고기와 식물을 먹고 살았단 걸 알게 됐어요. 이로써 데이노케이루스는 주로 강이나 호수 근처에서 살았을 거라고 추측할 수 있죠.

데이노케이루스

마준가사우루스

마다가스카르섬에서 발견된 **마준가사우루스**는 화석 중 일부에서 같은 **마준가사우루스**에게 물린 흔적이 발견됐어요. 과연 이 공룡들은 죽은 동족의 몸을 뜯어 먹은 걸까요, 아니면 정말 서로를 사냥해서 잡아먹은 걸까요?

이처럼 수각류라고 해서 모두 다른 공룡을 잡아먹은 건 아니에요. 또 몹시 별난 식성을 가진 공룡도 있었지요. 우리는 마시아카사우루스나 마준가사우루스처럼 아직도 비밀이 많은 공룡들을 이해하기 위해, 계속해서 화석을 발굴해야 해요. 데이노케이루스를 이해하는 데 오랜 시간이 걸린 것처럼 인내심을 가지고 노력하면 결국 비밀이 풀릴 거예요!

랍토르는 갈고리발톱으로 먹잇감의 가죽을 갈랐다

이름에 'raptor(랍토르)'가 들어가는 공룡들이 있죠?
그런데 맨 처음 'raptor'라고 불린 동물은 새예요. 그것도 매, 수리, 올빼미 같은 맹금류요!

벨로키랍토르

영어 단어 'raptor(랩터)'는 '강도, 약탈자'라는 뜻의 라틴어에서 유래된 말이에요. 갈고리 같은 부리, 날카로운 발톱을 가진 육식성 조류에게 딱 어울리는 호칭이지요. 유타랍토르, 벨로키랍토르 같은 드로마에오사우루스과 공룡들이 긴 학명의 끝부분을 똑 따서 '랍토르류'라고 불리게 된 건 20세기 후반부터랍니다.

랍토르 공룡들의 가장 큰 특징 중 하나는 뒷발 두 번째 발가락에 있는 길고 커다란 '갈고리발톱'이에요.

그렇다 보니 많은 사람이 드로마에오사우루스과 공룡들만 이 특별한 발톱을 가졌다고 생각해요. 하지만 큰 발톱이 달린 두 번째 발가락을 번쩍 들고 땅 위를 뛰어다닌 공룡은 더 있었어요. 초기 파라베스(오늘날의 새와 그들의 직계 조상을 포함한 가장 가까운 관계의 공룡 무리)에 속하는 많은 공룡이 이 발톱을 가지고 있었거든요!

시샤사우루스(트로오돈과)

헤스페로르니토이데스(트로오돈과)

유타랍토르(드로마에오사우루스과)

부이트레랍토르(드로마에오사우루스과)

발가락으로 걷기!

공룡은 발가락으로 걸어요. 우리가 보기에는 공룡이 이상한 것 같지만, 사실은 사람처럼 발바닥 전체로 땅을 딛고 걷는 동물이 더 적어요. 생각해 보세요. 새도 발가락으로 걷잖아요?

그런데 이 커다란 발톱은 어떤 용도였을까요? 그동안 우리가 짐작한 것처럼
다른 공룡의 가죽을 가르고 자르는 무기였을까요?

이 질문에 대한 답을 찾는 제일 좋은 방법은 현재 지구에 사는 랩터, 그러니까 맹금류의 발을
살펴보는 거예요. 마침 이름까지 같은 맹금류의 발에도 길고 예리한 갈고리발톱이 있으니까요.
그런데 발톱을 칼처럼 사용하는 맹금류는 아무도 없었어요. 이들에게 발톱은 먹이를
잡아채거나 몸부림치지 못하게 꽉 누르는 용이지요.
고생물학자들은 **벨로키랍토르**의 발 모형을 만들어서 실험도 해 봤어요. 그랬더니 공룡들의
거대한 갈고리발톱은 다른 동물의 살을 찢기에는 알맞은 모양이 아니라는 결과가 나왔답니다!

그밖에도 희한한 발을 가진 공룡이 많았어요.

부채머리수리

발라우르

발라우르는 거대한 갈고리발톱을
가진 공룡 중에서 가장 특이한
공룡이었어요. 뒷발에 이 발톱이
하나가 아니라 2개씩 있었거든요!

베스페르사우루스

날쌘 동물들은 보통 팔다리가 매우 가볍고, 시간이 흐를수록
발이 더 단순한 형태로 진화하는 경우가 많아요. 작은 수각류 공룡
베스페르사우루스는 큼직한 세 번째 발가락으로만 몸무게를 지탱한 채 사막
위를 뛰어다녔어요. 이 공룡이 지금까지 살아남았다면, 발가락이 4개에서
3개로, 3개에서 하나로 줄어든 말과 똑같은 진화 과정을 거쳤을지도 몰라요.

센트로사우루스

센트로사우루스와 같은 몇몇 공룡은 실제로 발톱이 말의 발굽처럼
진화했어요. 또 목이 길고 몸집이 거대한 용각류는 다른 공룡들처럼
얇은 발가락만으로 걸었지만, 무거운 몸무게에 뼈가 부서지지 않도록
발 안쪽이 두껍고 탄력 있는 패드로 채워졌어요. 그래서 오늘날의
코끼리처럼 넓적한 발을 갖게 되었지요. 참, 코끼리도 발가락으로
걸어요! 깜짝 놀랐죠?

**커다란 갈고리발톱이 우리가 생각한 것처럼 강력한 무기는 아니었다 해도 공룡들에게는 분명히
쓸모 있는 도구였을 거예요. 겨우 몸의 한 부분으로 동물의 행동을 파악하기란 어려운 일이에요.
그러니까 이렇게 정보가 거의 없을 때는 지나친 추측에 사로잡히지 않도록 조심해야 해요!**

멸종한 공룡을 되살릴 수 있다

만약 프로토케라톱스를 집에서 기르고 함께 놀 수 있다면 어떨까요? 아니면 카마라사우루스 같은 용각류를 타고 학교에 갈 수 있다면요? 생각만 해도 설레지 않아요? 그런데 멸종한 비조류 공룡을 되살리는 게 가능한 일일까요?

프로토케라톱스

카마라사우루스

몇몇 과학자들은 멸종한 동물의 DNA 일부를 현재 살아 있는 동물 중 가장 가까운 친척의 알에 이식하면 가능할 거라고 말해요! DNA는 모든 생물의 세포 속에 있는 화학 물질로, 각 생물을 만드는 방법이 담긴 설계도와 같아요. 그러니까 공룡 화석에 남은 DNA를 채취해 최대한 비슷한 종의 알에 심으면, 설계도대로 만들어진 동물이 우리 눈앞에 나타날 거라는 생각이지요.

하지만 안타깝게도 DNA는 본래 양이 아주 적고, 기껏해야 수십만 년 정도만 보존돼요. 새가 아닌 마지막 공룡이 6600만 년 전에 멸종했으니, 화석에서 온전한 DNA가 발견될 가능성은 없다고 봐야겠죠? 즉, 이 방법으로는 공룡을 되살릴 수 없어요. 그럼 공룡을 '만들' 다른 방법은 없을까요?

과학자들은 이미 닭의 배아에서 얼굴에 관련된 DNA를 조작하자, 놀랍게도 부리 대신 이빨이 나는 주둥이가 생긴다는 것을 밝혀냈어요! 그래서 어떤 과학자들은 병아리가 닭으로 자라는 과정을 교묘하게 바꾸면, 말 그대로 '닭으로 공룡을 만들' 수 있다고 생각해요.

하지만 이렇게 모습이 바뀌는 게 닭에게 과연 좋은 일일까요? 이렇게 만들어진 것은 닭 같은 공룡일까요, 공룡 같은 닭일까요? 닭으로든 공룡으로든 정상적으로 성장해서 평범한 동물들처럼 살 수 있을까요? 과학 실험을 수행하기 전에 '연구 윤리'와 '동물 복지'에 관해 스스로 되묻고 고민하는 것은 대단히 중요한 일이랍니다.

DNA는 2개의 기다란 가닥이 꽈배기처럼 꼬여 있는 구조예요.

공룡으로 유전자가 조작된 닭은 어떤 모습일까요?

대신 화석에서 아주아주 드물게 공룡들이 남긴 화학 물질이
발견되기도 해요. 실제로 몇 년 전, 한 연구팀이 화석화된
공룡의 피를 발견했어요. 다른 연구를 위해 고성능 현미경으로
공룡의 뼈를 들여다보다가 우연히 발견한 것이었죠!

또 어떤 고생물학자들은 1억 9500만 년 전에 살았던 용각류 **루펜고사우루스**의
갈비뼈 안쪽에서 동물의 몸에 꼭 필요한 단백질 성분인 콜라겐을 찾아냈어요.
이렇게 미세하고 부드러운 물질이 공룡의 뼛속에서 수억 년이나
보존되어 있을 줄은 그 누구도 상상하지 못했답니다.

루펜고사우루스

자, 그러니까 결론은 과학자들이 오래전에 멸종한 공룡을 부활시킬 수는 없어요. 하지만 화석에 갇힌
화학 물질을 찾아서, 공룡에 대한 비밀을 더 많이 밝혀낼 수는 있지요. 그리고 아마도…… 공룡처럼 보이는
닭을 만들 수는 있을 거예요! 여러 가지 고민이 필요한 문제이기는 하지만요.

지금 우리가 아는 공룡의 모습은 먼 옛날 그대로다 틀렸다!!

지난 2000여 년 동안 고생물학자들은 많은 화석을 발굴했어요. 하지만 아무리 경험이 쌓여도 화석을 보고 화석 주인의 원래 모습을 추측하는 것은 몹시 어려운 일이에요. 복원한 모습이 옳은지 아닌지 확인할 방법은 가능한 많은 화석 조각을 모으는 것밖에 없답니다.

용각류가 처음 발견됐을 때, 고생물학자들은 4개의 다리가 어떻게 이 거대한 몸을 떠받치며 움직일 수 있었는지 이해할 수 없었어요. 그래서 현재 지구에 사는 도마뱀을 관찰하면서, 용각류의 다리가 어떻게 움직였을지 상상하려고 애를 썼지요. 파충류는 다리가 몸 옆에서 뻗어 나와서 마치 'ㄱ'자처럼 몸통에 붙어 있어요. 그 결과 1910년에 발표된 그림에는 용각류 공룡인 **디플로도쿠스**가 도마뱀 같은 다리를 가진 모습으로 묘사돼 있답니다.

그러다 점점 더 많은 공룡 화석이 발견되면서, 고생물학자들은 공룡의 다리가 사람처럼 몸통 아래로 곧게 붙어 있었다는 것을 깨닫게 됐어요. 또 용각류가 그동안의 생각과는 다르게 불룩한 배를 바닥에 질질 끌고 다니지 않았을 거란 것도 알게 됐지요!

이구아노돈도 처음에는 지금과 다른 모습으로 묘사됐어요. 코뿔소처럼 코끝에 뿔이 있고, 캥거루처럼 두 발로 서서 걸었을 거라고 생각했거든요. 하지만 뿔이라고 생각한 건 사실 앞발의 커다란 엄지발톱이었고, 두 발로 설 수는 있어도 보통 네발로 걸었다는 사실이 밝혀졌어요. 여전히 많은 박물관에는 엉거주춤 일어선 자세로 전시돼 있긴 하지만요.

굉장히 창의적이었던 어떤 사람들은
스테고사우루스가 골판을 날개처럼 사용해서
활공하지 않았을까 생각했어요. 그러나 이건
그저 재밌는 생각이었을 뿐, 진지하게 연구된
가설은 아니랍니다.

또한, 옛날 고생물학자와 고생물 복원도를 그리는
팔레오아티스트 중 일부는 **브라키오사우루스** 같은
거대한 용각류는 땅이 아니라 물속에서 살았을
거라고 주장했어요. 땅에서는 어마어마한 몸무게를
감당할 수 없을 테니, 몸무게 부담이 줄어드는
물에서 살았을 거라고 생각한 거죠. 그러나 현대의
고생물학자들은 이것이 정확하지 않은 주장이며,
브라키오사우루스와 그 친척들은 땅 위를
어슬렁거리며 돌아다녔다고 확신해요.

지금까지의 이야기에 옛날 고생물학자들이 순
엉터리처럼 느껴질 수도 있어요. 하지만 오늘날에도
실수는 여전히 일어날 수 있어요. 그 예가 1997년
중국에서 발견된 **아르카이오랍토르**예요.
고생물학자들은 깃털 자국이 희미하게 남은 공룡
화석을 발견하고는 '공룡이 조류로 진화하는 연결
고리를 찾았다'며 흥분해서 세상에 당장 발표했어요.
하지만 두 달 뒤, 어처구니없는 사실이 밝혀졌어요.
알고 보니 이 화석은 세 마리의 공룡과 고대 새들의
화석 조각을 요리조리 짜 맞춰 만든 가짜였던 거예요!

오래전에 나온 공룡 책을 읽다 보면, 그림에서 종종 이런 실수들을 발견할 수 있어요.
지금은 아니란 걸 알지만, 그때는 그게 옳다고 생각했으니까요. 지금도 계속해서 새로운 발견이
이어지고 있기 때문에, 언젠가는 이 책에서도 사실과 다른 이야기가 생길지 모르지요.

중생대에 살았던 공룡을 모두 찾았다

이제 우리는 먼 옛날 지구에 살았던 공룡들을 전부 찾았을까요? 아뇨, 어림도 없어요.
지금만 해도 그 어느 때보다 빠르게 새로운 종류의 공룡을 발견하고 있는 걸요.
고생물학자가 되기에 이보다 더 신나는 때는 없었어요!

공룡의 뼈와 흔적은 수천 년 동안 '우연히' 발견됐어요. 동양의 용에 관한 최초의 신화는 어쩌면 그렇게 발견된 공룡 뼈에서 시작되었을지도 몰라요.

메갈로사우루스와 이구아노돈이 세상에 공식적으로 소개됐어요. 둘 다 공룡 연구 역사의 발판이 된 공룡으로, 영국에서 발견됐어요.

약 2,000년 전

1824년경

미국의 고생물학자 에드워드 드링커 코프와 오스니얼 찰스 마시는 역사에 남을 라이벌이에요. 둘은 상대방보다 더 빨리, 더 많은 공룡 화석을 발견하기 위해 갖은 수단을 썼고, 심지어 서로의 화석을 훔치고 망가트리기까지 했답니다. 이 치열한 경쟁은 '화석 전쟁'이라고 불렸고, **알로사우루스**와 **디플로도쿠스**, **스테고사우루스**, **코엘로피시스** 모두 이때 발견됐어요.

독일에서 공룡과 조류 연구에 중요한 역할을 하는 **아르카이오프테릭스**가 발견됐어요.

화석으로 발견되는 낯선 동물들에게 'Dinosauria(공룡류)'라는 이름을 붙인 것은 영국의 고생물학자 리처드 오언이에요. '무시무시한 도마뱀'이라는 뜻이죠.

1877년~1892년

1861년

1841년

세상을 깜짝 놀라게 한 **스피노사우루스**의 화석이 아프리카에서 발견됐어요. 하지만 이 화석은 제2차 세계 대전 때 폭격으로 잿더미가 되고 말았어요.

벨로키랍토르는 학계에서 처음으로 인정된 공룡 알과 마찬가지로 몽골 고비 사막에서 발견됐어요. 고비 사막은 중요한 공룡 화석지예요.

거대한 포식자 **타르보사우루스**가 몽골 고비 사막에서 발견됐어요.

1915년

1923년

1946년

캐나다 앨버타에서 발견된 새로운 종의 티라노사우루스류에게 10년 만에 이름이 주어졌어요. '죽음의 사신'이라는 뜻의 **타나토테리스테스**예요.

가장 거대했던 용각류 중 하나인 **파타고티탄**이 아르헨티나에서 발견됐어요.

중국에서 원시적인 깃털이 달린 비조류 공룡 화석이 최초로 발견됐어요. **시노사우롭테릭스**였죠.

현재 2020년

2008년

1996년

우리가 아는 공룡의 종류는 계속해서 늘어나고 있어요!

라이양고사우루스

중국에서는 **라이양고사우루스**를 포함해 1990년대부터 100종이 넘는 새로운 공룡이 발견됐어요!

브라실로티탄

용각류 중에서도 거대한 공룡들의 무리인 티타노사우루스류는 지난 10년 동안 40종 넘게 추가됐어요. **브라실로티탄**을 포함해 모두 남아메리카에서 발견됐다는 특징이 있지요.

예후에카우케라톱스

2000년 이후, 새로운 각룡이 50종 넘게 발견됐어요!

이처럼 고생물학계는 몇십 년 사이에 눈부신 성과를 쌓았어요. 실제로 지금까지 알려진 공룡 종류 가운데 절반이 지난 20년 사이에 발굴됐답니다.

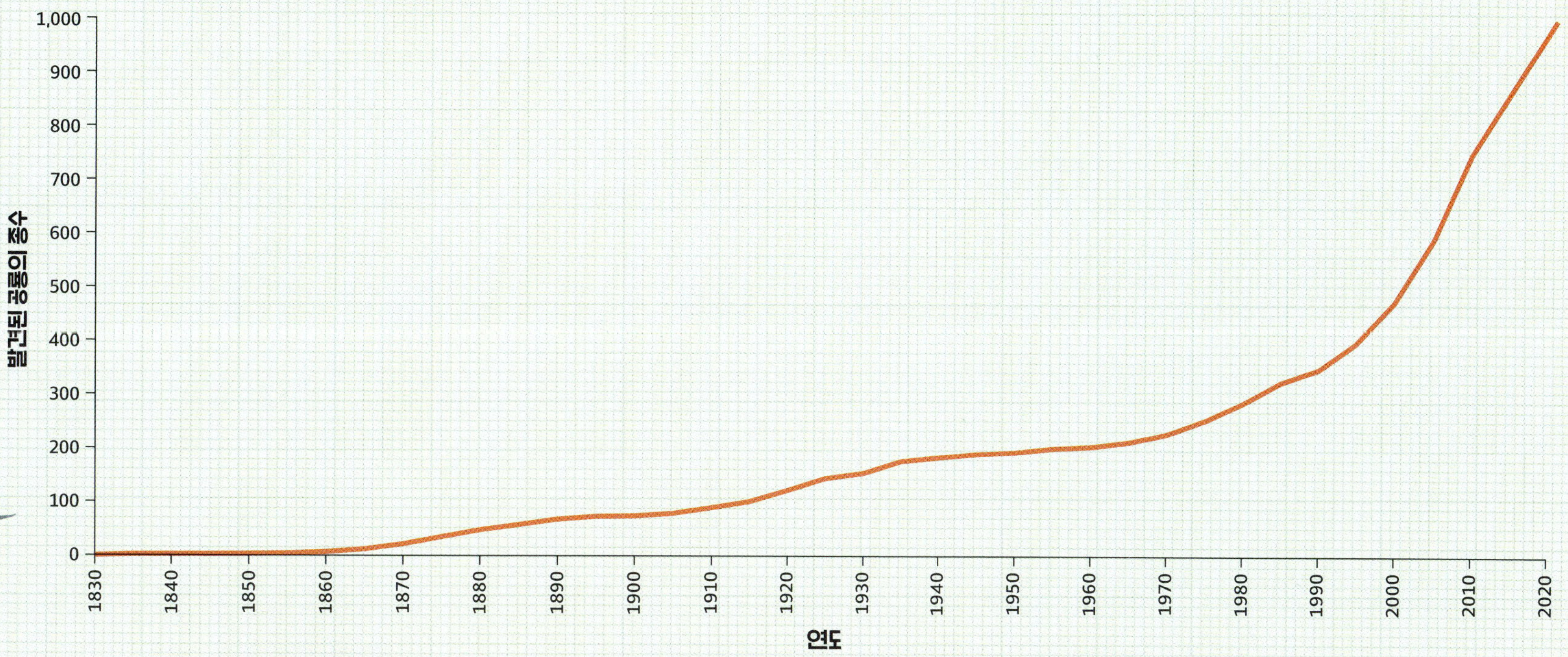

(그래프: 발견 공룡의 종수 vs 연도(1830–2020), 2020년경 약 1,000종에 도달)

대체 그 이유는 뭘까요? 그건 고생물학자들의 발굴 기술과 도구가 발전해서이기도 하지만, 예전보다 더 많은 곳을 파헤치고 있기 때문이에요. 그동안은 북아메리카와 유럽, 중국에서 주로 발굴이 이뤄졌어요. 하지만 이제는 2018년에 새로운 용각류 바구알로사우루스가 발견된 브라질 남부 산타마리아층 등 그동안 접근하지 않았던 새로운 지층을 파기 시작했지요.

고생물학자들은 지난 200여 년 동안 1,000종이 넘는 공룡을 발견했어요. 하지만 지금도 땅속에는 여전히 수많은 공룡 화석이 묻혀 있고, 그중에는 이때까지 듣도 보도 못한 아주 괴상하고 흥미로운 공룡도 있을 거예요. 이 화석들이 언제 우리 앞에 나타나 어떤 비밀을 밝혀 줄지는 아무도 모른답니다!

브론토사우루스라는 공룡은 없다

틀렸다!!

엄마 아빠께 한번 브론토사우루스를 아는지 여쭤 보세요.
만약 엄마 아빠가 여러분처럼 공룡을 좋아했다면, 눈을 반짝이면서 "브론토사우루스는 이제 없어.
알고 보니까 아파토사우루스랑 같은 공룡이었거든." 하고 이야기하실 거예요.
이게 어떻게 된 일이냐면요…….

브론토사우루스는 '화석 전쟁'이 한창이던 1879년, 오스니얼 찰스 마시가 발견했어요. 마시는 거대한 용각류 공룡에게 '천둥 도마뱀'이라는 뜻의 멋진 이름을 지어 주었답니다.

그런데 1903년, 한 고생물학자가 새로운 주장을 했어요. **브론토사우루스**가 사실은 마시가 2년 먼저 발견한 **아파토사우루스**와 같은 공룡이라는 거였죠. 그 결과, 고생물학계에서 **브론토사우루스**라는 이름은 사라졌어요. 이미 발견된 종과 같은 종이었다는 사실이 밝혀지면, 새 이름은 사라지고 먼저 지은 이름으로 통일되거든요.

하지만 고생물학계의 결정과는 상관없이 **브론토사우루스**라는 이름은 계속 사용됐어요. 이 주장에 동의하지 않는 학자들도 있었고, 무엇보다 이름 뜻도 멋지고 부르기도 쉬워서 사람들이 좋아했기 때문이지요.

그러던 2015년, **아파토사우루스**가 포함된 디플로도쿠스과 공룡들을 분석하던 한 연구팀이 아파토사우루스와 **브론토사우루스** 사이에는 분명한 차이가 있다는 것을 밝혀냈어요. 그러니까 **브론토사우루스**는 실제로 존재했던 거예요. **브론토사우루스**가 112년 만에 자기 이름을 되찾은 거죠!

앞서 말했듯이 화석 전쟁은 누가 더 빨리, 많이 찾고 발표하느냐의 싸움이었어요. 그러니 발굴한 표본을 꼼꼼히 비교하고 연구할 시간이 부족했지요. 그 탓에 이때 발표된 이름 중 많은 수가 나중에 사라졌어요. 마시가 1878년에 발표한 **크레오사우루스** 역시 그가 한 해 먼저 발표한 **알로사우루스**와 같은 공룡이라는 사실이 밝혀져서 역사 속으로 사라졌답니다.

이런 일이 옛날에만 있었던 건 아니에요. 1996년에 발표된 **브론토랍토르**는 1979년에 발표된 쥐라기 후기 수각류 **토르보사우루스**로 밝혀져서 이름이 사라졌어요.

1.33m

또 고생물학자들은 가끔 뼈 하나만 발견하고도 새로운 공룡이 나타났다며 발표하기도 해요. 실제로 한 학자는 길이가 1.3m나 되는 거대한 척추뼈를 발견하고는 이것이 분명 어마어마한 크기의 용각류 뼈일 거라고 생각했어요. 그래서 울트라사우루스라는 이름을 붙여 발표했지요. 하지만 나중에 그 등뼈는 자신이 같은 곳에서 발견한 쥐라기 후기 용각류 **수페르사우루스**의 것으로 밝혀졌답니다. 세상에, 맙소사!

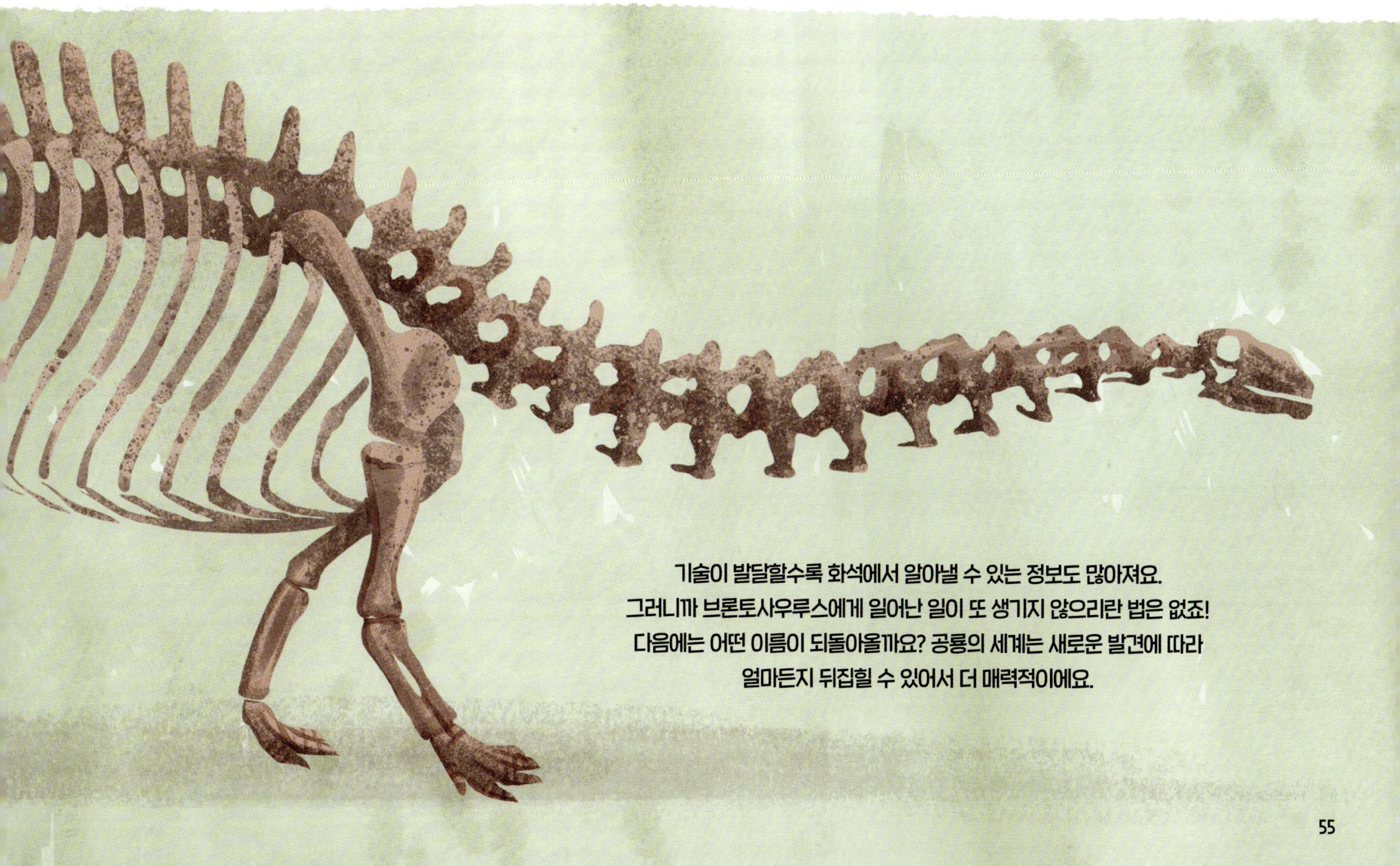

기술이 발달할수록 화석에서 알아낼 수 있는 정보도 많아져요.
그러니까 브론토사우루스에게 일어난 일이 또 생기지 않으리란 법은 없죠!
다음에는 어떤 이름이 되돌아올까요? 공룡의 세계는 새로운 발견에 따라
얼마든지 뒤집힐 수 있어서 더 매력적이에요.

고생물학자들은 하루 종일 땅만 판다 틀렸다!!

'고생물학자'라고 하면 흙먼지를 잔뜩 뒤집어쓴 채 땅에 무릎을 대고 화석을 찾아다니는 모습이 연상돼요.
하지만 고생물학자가 하루 종일 땅속에 묻힌 화석만 찾는 건 아니에요.
화석을 통해 수억만 년 전의 과거를 만나려면, 그것 말고도 할 일이 정말 많거든요.

박물관에서 화석 연구하기

이미 많은 공룡이 발견됐지만, 각 공룡에 관한 모든 것을 알아낸 건 아니에요. 그래서 고생물학자들은 박물관에 보관된 화석을 조사하고 연구하는 데 많은 시간을 써요. 사진을 찍고 뼈의 모양을 신중하게 따라 그리다 보면, 몇 년이나 서랍이나 벽장에 들어 있던 정체 모를 화석에서도 새로운 사실을 발견할지 모르거든요!

오늘날 살아 있는 동물 관찰하기

새와 파충류처럼 오늘날 살아 있는 동물을 관찰하고 연구해요. 이를 통해 고생물학자들은 공룡들이 어떻게 행동했을지를 훨씬 더 잘 이해할 수 있지요.

X선 및 CT 스캔하기

때로는 암석에서 화석을 꺼내기 어려울 때가 있어요. 옛날에는 이럴 때 화석 주변의 암석과 모래를 통째로 연구실로 가져와야 했지만, 이제는 X선 촬영이나 CT(컴퓨터 단층 촬영)를 이용해요. 그러면 암석을 쪼개지 않고도 그 안의 화석을 관찰할 수 있고, 화석 내부를 들여다볼 수도 있죠.

클리닝 작업하기

현장에서 가져온 화석은 대개 암석에 붙어 있어요. 그래서 실험실에서 펜 형태의 드릴이나 톱으로 암석을 깨트리고, 화학 약품으로 남은 암석을 녹여야 해요. 작업 경험이 많은 사람이 아주 신중하게 해야 하는 중요한 작업이랍니다.

3D 스캐너와 프린터로 모형 제작하기
3D 스캐너로 화석의 입체적인 형태를 스캔한 뒤, 컴퓨터 프로그램을 이용해 공룡의 뼈대를 조립하고 복원해요. 이것을 3D 프린터로 출력해 축소된 모형을 제작하죠. 고생물학자들은 이 모형을 이리저리 움직여 보면서, 공룡이 어떻게 뼈를 움직였을지 밝혀내요.

실험하고 연구하기
공룡이 죽은 뒤 화석이 되기까지 무슨 일이 일어났는지 이해하는 것은 매우 중요해요. 그래서 일부 고생물학자들은 동물이 어떻게 부패하는지 연구해요. 또 잘 보존된 화석에서는 DNA를 채취하고, 분자 생물학적 연구를 진행하지요.

복잡한 수학식 세우기
어떤 고생물학자는 고대 기후가 어떠했는지, 고대 숲이나 사막을 걷는 것이 어땠을지 등을 알아보기 위해, 수학을 이용해 컴퓨터로 고대 세계를 재현해요.

강의하고 소통하기
많은 고생물학자가 박물관이나 학교 등에서 지구 생명의 역사와 이 땅에 존재했던 고생물들에 대해 강의해요. 사람들은 보통 자신이 가장 좋아하는 주제에 관해 누구에게나 이야기하고 싶어 하죠!

논문 쓰기
고생물학자는 글을 쓰는 데 많은 시간을 보내요. 자신이 발견한 것을 체계적으로 정리해 논문이라는 글을 작성하고, 과학자들을 위한 특별한 잡지에 실어서 발표하지요.

토론하기
고생물학자들에게는 '토론'도 몹시 중요한 일이에요. 때로는 혼자서 이해하기 까다로운 문제에 부딪힐 때가 있어요. 이럴 땐 친구들과 이야기를 나누면 좋아요. 그래서 고생물학자들 역시 다른 과학자들이 쓴 글을 읽고 토론하면서, 어려운 문제에 대한 답을 함께 찾아간답니다.

남자아이들만 공룡을 좋아한다

틀렸다!!

많은 사람이 공룡은 남자아이들만 좋아한다고 생각해요. 하지만 그건 오해예요.
공룡을 좋아하는 데는 성별과 나라, 나이 등 모든 게 상관없어요. 실제로 오늘날
활동하는 위대한 고생물학자 중에는 여성도 많답니다!

수지 메이드먼트

런던 자연사 박물관 소속으로, **스테고사우루스**와 그 친척 공룡들을 연구하는 영국의 고생물학자예요. 그녀가 가장 좋아하는 연구 현장은 아름다운 자연환경으로 유명한 미국 유타주예요. 아침으로 놀랍도록 맛있는 부리토를 먹을 수 있어서이기도 하지요.

사나 엘 사예드 엘 바시우니

이집트 척추동물 고생물학자로, 이집트 사하라 사막에서 백악기 티타노사우루스류인 만수라사우루스의 발굴 작업에 참여했어요. 이집트에서 이집트 팀이 공룡을 발굴한 최초의 사건이었지요!

베로니카 디에즈 디아즈

스페인 고생물학자로, 컴퓨터 시뮬레이션을 이용해 거대한 용각류 공룡들이 어떻게 움직였는지 연구해요. 그리고 트롬본을 연주한답니다. 미국 현악기인 밴조도요!

세실리아 아팔데티

아르헨티나 고생물학자로, 트라이아스기 초기의 거대 공룡을 연구해요.

야라 하리디

캐나다에서 자란 이집트 고생물학자예요. 화석을 통해 척추동물의 뼈와 치아가 어떻게 진화했는지, 질병과 부상이 어떻게 치유되었는지를 연구하죠. 그녀는 또한 하이킹과 새를 관찰하기를 좋아해요.

징마이 오코너

미국 태생의 고생물학자로, 중국에서 초기 조류와 그들의 공룡 친척을 연구하고 있어요. 두 마리의 개를 기르고, 아일랜드 민요를 부르는 것을 좋아한답니다.

피아 비글리에티

남아프리카 고생물학자예요. 남아프리카의 카루 분지 및 아프리카 여러 국가의 화석지에서 일하며, 트라이아스기 말기를 더 잘 이해하기 위해 노력하고 있어요.

사라 키난

뼈가 화석으로 변하는 과정을 연구하는 미국의 고생물학자이자 지구화학자예요. **트리케라톱스**를 발견해서 한때 '트리사라톱스'라는 재밌는 별명으로 불렸답니다.

자스미나 위만

공룡의 행동과 생활, 진화에 대해 더 자세히 알아보기 위해 화석의 연조직을 연구하는 독일 고생물학자예요. 놀랍게도 **알로사우루스**의 뼈에서 세포를 추출하는 데 성공했답니다!

린지 자노

미국 고생물학자예요. 착암기와 톱을 이용해, 미국 서부 지역의 단단한 암석에서 공룡 화석을 발굴하는 데 많은 시간을 보내고 있어요.

펨케 홀베르다

네덜란드의 고생물학자로, 쥐라기 용각류 전문가예요. 아르헨티나에서 발견된 거대한 용각류 **파타고사우루스**를 연구해, 파타고니아를 자주 오가야 해요.

아누스야 친사미 투란

남아프리카 고생물학자로, 아프리카 공룡과 그들의 뼈가 어떻게 성장했는지에 대한 복잡한 생물학을 연구하고 글을 써요.

두앙수다 촉찰로엠웡

2019년 동남아시아에서 발견된 최초의 카르카로돈토사우루스류인 **시암랍토르** 발굴에 참여한 태국 고생물학자예요. 그녀는 용기가 있다면 무엇이든 가능하다고 믿어요!

커스틴 포모소

공룡과 함께 살았던 대형 해양 파충류를 연구하는 미국 고생물학자예요. 취미로 트롬본과 피아노를 연주하며, 대학 미식축구팀을 응원해요.

에밀리 레이필드

영국의 고생물학자로, 공학 컴퓨터 프로그램을 사용해 공룡이 어떻게 살았고 먹었고 이동했는지 연구해요.

가비 소브랄

디살로토사우루스 같은 공룡을 포함해 많은 동물의 머리뼈 내부를 연구하는 브라질 고생물학자예요. 하이킹과 암벽 등반을 좋아하지요.

엠마 던

아일랜드 고생물학자로, 컴퓨터를 사용해 고대 기후가 공룡의 생활과 진화 방식에 어떤 영향을 미쳤는지 연구해요.

에우헤니아 골드

아르헨티나에서 태어난 고생물학자로, 조류와 공룡의 뇌 진화를 연구하고 고생물학계의 놀라운 여성들에 관한 책 『그녀가 화석을 발견했다』를 공동 집필했어요.

볼로르체제그 민진

몽골의 고생물학자로서, 새로운 화석을 발굴할 뿐만 아니라 몽골에서 불법적으로 반출된 화석을 고국으로 되돌리기 위해 노력하고 있어요.

엘레나 쿠에스타

카나리아 제도의 고생물학자로, 스페인과 아시아에서 발견된 수각류 공룡들의 계통과 진화 역사를 연구해요. 일하지 않을 때는 일본어를 공부하고 비디오 게임을 즐기지요.

이제 '틀린' 정보를 모두 바로잡았다

이제 우리는 그동안 엉뚱한 오해와 착각 속에 잘못 알려졌던 사실들을 제대로 알게 됐어요. 모두 고생물학자들이 부지런히 화석을 찾고 연구한 덕분이죠. 어쩌면 여러분이 이 책을 읽는 사이에도 어떤 운 좋은 고생물학자가 완전히 새로운 종의 공룡을 발견했을지도 몰라요. 아니면 우리가 이미 아는 공룡의 새로운 표본이 우연히 발견됐을 수도 있고요.

그것이 전체 골격이든 단순한 뼛조각이든 모든 발견은 새로운 정보로 이어져요. 화석의 크기가 아무리 작고 불완전하더라도 그 안에는 공룡에 관해 아주 조금이라도 더 알려 주는 단서가 들어 있거든요. 이 작은 정보 조각은 낱낱으로는 대단하지 않을 수 있어요. 하지만 차곡차곡 쌓여서 공룡이 무엇을 먹었는지, 새끼를 어떻게 돌봤는지, 어떤 색깔이었고 어떻게 움직였는지 등이 밝혀지면, 마치 퍼즐이 완성되듯 공룡이 살았던 환경과 공룡의 실제 모습이 서서히 드러나요! 그래서 고생물학자들은 끊임없이 새로운 지층에서 화석을 찾고, 컴컴한 어둠 속에 묻혀 있던 오래된 표본을 다시 들여다보면서 점점 진실에 다가가지요.

그런데 우리가 잊지 말아야 할 게 있죠? 이렇게 찾아 나간 사실도 나중에는 틀렸다고 증명될 수 있다는 것이요! 생각해 보세요. 얼마 전까지만 해도 우리는 티라노사우루스가 사람보다 더 빨리 달렸고, 공룡은 거의 변온 동물이며, 몇몇 공룡은 절대로 부숭부숭한 솜털로 덮여 있었을 리 없다고 확신했잖아요.

그러니 지금 우리가 공룡에 대해 아는 것, 심지어 이 책에서 새롭게 알게 된 사실들도 얼마든지 '틀렸다'고 뒤집힐 수 있다는 것을 항상 기억해야 해요!

용어 설명

가설
어떠한 문제를 설명하기 위해 임시로 내세운 의견이에요.
관찰이나 실험에서 얻은 증거를 통해 진실인지 아닌지
판단하지요.

각룡류
쥐라기 중기에 나타난 공룡 무리예요. 몸집이 다부지며,
대부분 머리 뒤쪽에 넓게 펼쳐진 프릴이 있고 콧등이나
머리에 뿔이 있는 종류도 많아요. 앵무새 부리처럼 생긴
주둥이로 식물을 먹어요.

고생물학자
지질 시대에 살았던 생물을 연구하는 과학자예요.

곡룡류
대체로 몸이 짧고 무거우며, 등이 골편으로 덮여서 마치
갑옷을 입은 것처럼 보이는 공룡이에요. 그래서 갑옷
공룡이라고도 하지요. 네발로 걷고, 조반목에 속해요.

드로마에오사우루스과
오늘날의 새와 밀접한 관련이 있는 수각류 공룡 무리예요.
2개의 뒷다리로 날렵하게 움직였고, 뒷발 두 번째 발가락에
큰 갈고리발톱이 있는 게 특징이에요.

멸종
생물 한 종류가 지구에서 완전히 없어지는 거예요.

발굴
땅속에 묻혀 있는 것을 찾아서 파내는 것을 말해요.

배아
완전한 모습을 갖춘 생물체가 되기 위한 초기 단계의
세포예요.

사체
죽은 동물의 몸을 이르는 말이에요.

생물학자
동물, 식물, 균류 등 살아 있는 모든 것을 연구하는
과학자예요.

성장선
나무의 나이테처럼 생물의 성장에 따라 생기는 흔적이에요.

수각류
티라노사우루스 렉스를 비롯해 현재 존재하는 모든 새를
포함한 커다란 공룡 무리예요.

알바레즈사우루스류
백악기 후기에 살았던 덩치가 작은 공룡 무리로, 짧지만 힘센
앞다리와 긴 뒷다리가 특징이에요.

육식 동물
다른 동물을 공격해서 그 고기를 먹고 사는 동물이에요.

잡식성
고기와 식물을 가리지 않고 먹는 동물의 성질을 말해요.

제2차 세계 대전
1939년부터 1945년까지 세계 많은 나라 사이에서 일어난
전쟁으로, 수많은 사람의 목숨을 앗아 갔어요.

조각류
대체로 덩치가 크고, 뒷다리가 발달해서 두 발로 설 수 있었던
공룡 무리예요. 조반목에 속해요.

조상
어떤 동물이나 식물이 존재할 수 있도록 밑바탕이 된 이전
세대를 말해요.

증거
어떤 것이 사실인지 아닌지 판단하게 하는 정보예요.

증명
어떤 주장이나 판단 등을 증거를 이용해서 진실인지 아닌지 밝히는 거예요.

지배파충류
트라이아스기 전기가 끝나갈 무렵 등장해, 이름처럼 당시 생태계에서 가장 지배적인 위치를 차지했던 무리예요. 트라이아스기 말에 일어난 대멸종으로 공룡을 포함한 일부만 살아 남았고, 현재는 새(조류형 공룡)와 악어만 존재해요.

지질 시대
지구가 탄생한 이후부터 인류가 글자를 만들어 역사를 기록하기 전까지의 시대예요. 지층 속 화석을 기준으로 구분하며, 주로 선캄브리아 시대, 고생대, 중생대, 신생대로 크게 나눠요.

진화
어떤 생물종이 여러 세대를 거치면서 몸의 구조나 기관, 습성 등이 차츰 변하는 현상이에요.

초식 동물
식물을 먹고 사는 동물이에요.

파충류
척추동물 무리 중 하나로, 도마뱀과 뱀, 거북, 악어가 속해요. 스스로 체온을 조절할 수 없어요.

팔레오아티스트(Paleoartist)
고생물의 옛 모습을 과학적 사실을 바탕으로 묘사하는 사람이에요. '고생물학(Paleontology)'과 '예술가(Artist)'를 뜻하는 단어가 합쳐져서 생긴 말로, 이들의 작품을 '복원도' 또는 '팔레오아트(Paleoart)'라고 해요.

포식자
다른 동물을 사냥해서 먹고 사는 동물을 가리켜요. 반대로 포식자의 먹이가 되는 동물은 '피식자'라고 해요.

포유류
척추동물 가운데 새끼를 낳아 젖을 먹여 기르며, 털이 있어서 체온을 유지할 수 있는 무리예요.

표본
동물, 식물, 화석 등의 전체 또는 일부를 보존할 수 있도록 특별한 처리를 더한 거예요.

현미경
작은 물체를 크게 키워서 보기 쉽게 하는 과학 장비예요.

화석
지질 시대에 살았던 고생물이 지층에 남긴 흔적이에요. 생물의 뼈나 피부뿐만 아니라 알, 똥, 발자국, 기어간 자국도 화석이 될 수 있어요.

화석 전쟁
19세기 말, 미국 고생물학자 에드워드 드링커 코프와 오스니얼 찰스 마시가 북아메리카 지역에서 공룡 화석을 찾기 위해 벌인 열띤 경쟁을 '화석 전쟁' 또는 '뼈 전쟁'이라고 불러요. 우리가 잘 아는 공룡들이 이때 많이 발견됐어요.

활공
조류 등이 날개를 움직이지 않고 바람을 타고 나는 것을 말해요.

후각 망울
입과 코에서 신호를 받아서 냄새를 감지하는 뇌의 한 부분이에요.

DNA(데옥시리보 핵산)
동물, 식물, 균류 등 생물 대부분의 세포 속에 있는 화학 물질로, 각 생물의 유전 정보가 담겨 있어요.

X선
우리 눈에 보이지 않는 빛의 한 종류예요. X선을 이용해 사진을 찍으면, 우리 몸속과 광물 속의 뼈를 볼 수 있어요.

지금까지 우리가 알던
공룡 이야기는 모두 틀렸다!!

초판 1쇄 인쇄 2023년 9월 4일 | **초판 1쇄 발행** 2023년 9월 25일
글 닉 크럼턴 | **그림** 개빈 스콧 | **옮김** 김맑아
펴낸이 변태식 | **펴낸곳** ㈜라이카미
책임편집 김현진 | **책임디자인** 김미지
총괄 박승열 | **마케팅사업부** 김대성 | **경영관리부** 고혜미
총제작 ㈜지에스테크 | **지류** 성진페이퍼

대표전화 02-564-6006 | **팩스** 02-564-8626
주소 서울시 강남구 개포로140길 28 3층
이메일 editor@laikami.com
신고번호 제2005-000355호 | **신고일자** 2005년 12월 8일
ISBN 979-11-90808-71-2 (73490)

EVERYTHING YOU KNOW ABOUT DINOSAURS IS WRONG

First published 2021 by Nosy Crow Ltd
Wheat Wharf 27a Shad Thames
London SE1 2XZ

Text Copyright © Nick Crumpton 2021
Illustrations Copyright © Gavin Scott 2021
Translation Copyright © LAIKAMI 2023

This translation of Everything You Know About Dinosaurs is Wrong! is published by arrangement
with Nosy Crow Limited through KidsMind Agency, Korea.
All rights reserved.

- 이 책의 한국어판 저작권은 키즈마인드 에이전시를 통해 Nosy Crow와 독점 계약한 ㈜라이카미에 있습니다.
- 신 저작권법에 의해 한국 내에서 보호를 받는 저작물이므로 무단전재와 복제를 금합니다.
- 파본은 구입하신 곳에서 교환해 드립니다.